JN074387

新装版「工場管理」基本と実践シリーズ

# 現場リーダースキルアップノート

現場リーダースキルアップ研究会—編

Skill Up Note

日刊工業新聞社

本書は日刊工業新聞社発行「工場管理」2008年2月臨時増刊号を単行本化した
書籍「現場リーダースキルアップノート」を新装版として発行したものです。

# はじめに

## 1. 本書の狙い

　本書のコンセプトは、「一流のプロを目指せ」である。企業を取り巻く環境は、日を追って厳しく、複雑になっている。「良いモノを安くつくる」ことがモノづくりの基本であることに間違いはない。しかし、「良い」とは何か、「安くつくる」にはどうすればよいかを、徹底的に追求していくことが日々問われている。

　品質で言えば、純度や精度が高い、使いやすい、故障がないだけでは顧客は満足しない。「こういうモノが欲しかった」と言ってもらえる感動やサービスが求められる。「安い」についてはどうか。原材料調達や加工委託を世界中に求めるグローバル化は必須である。ほかにも、経営にとってCSRやSDGsの課題に真剣に取り組まなければならない情勢で、顧客や消費者はもちろんすべての利害関係者に目を配らなければならない。

　ひと言で言えば、経営マネジメントの幅が格段に拡大されているのである。当然、このことは、モノづくりの現場にも影響する。

　先行企画として、日刊工業新聞社から『工場長スキルアップノート』を出版した。その狙いは、経営の一翼を担う工場長が従来の内向き中心の管理から、縦の線としては経営者としてのものの見方・考え方を、横の線としては社内的には研究開発部門や営業部門、社外的には利害関係者との良好な関係を目指さねばならないとの立場を採用したものだ。幸い同書はこの趣旨が受け入れられ、好評を博すことができた。

　モノづくりの原点である現場のリーダーについても同様である。単に技能的に優れているだけでは、もはや一流リーダーとは言えない。モノづくりの基本をもう一度見直すとともに、営業および研究開発、財務など関連業務への関心を深め、リスクマネジメントやグローバル化、IT対応など今日的な要請に応えてこそ一流のプロである。

## 2. 本書の特徴

### ① 4ジャンル18グループ70項目の構成

　生産現場を担うリーダーにとって欠かせない基本概念を、人づくり、モノづくり、組織づくり、ユトリづくりの4つに分類して解説した。

　まず、モノづくりは人づくりと言われるように、創意とやる気に満ちた人がいてこそ、真のモノづくりが可能となることをしっかり学ぶ。従来からも、人づくりの重要性については指摘されていたが、抽象論や心構え論が多かった。本書では叱り方・ほめ方など具体的な問題として取り上げる。

　次に、モノづくりの基本である技術・技法を改めて学ぶ。ここでは、5Sや品質管理、安全管理、カイゼン活動など当然なすべきことをもう一度見定め、あいまいで表面的な理解ではなく、実務に通じる本質がつかめるように努めている。

　さらに、大きな成果を上げるためには、個人の技能のみならず、組織力が重要なことは言うまでもない。「リーダー」にとって最も重要な責任は、組織全体としての活力を醸成し、向上させることである。ここでは、真のリーダーシップとは何かなどを問う。加えて、本書ではユトリづくりを取り上げた。これは類書にない特徴と考えている。さまざまなムダを、わずかなスキもなく排除する現場にこそ、明日をにらみ、改善を考えるユトリが尊重されなければならない。

　以上の4ジャンルを18のグループに分け、さらに現場監督者として理解すべき、また実務に役立つ基本テーマ70項をそれぞれのグループに配した。項目の選択にあたっては、モノづくりにおける基本的・伝統的な概念はもちろん、新しいキーワードについても極力追加した。

### ② Q＆A形式で事例中心の説明

　記述に際しては読者の理解のしやすさを一番に考え、一般書の多くが総論・各論・事例の順としている配列を、本書では逆に、すなわち事例（質問Q）・対策（解答A）・解説の順とした。

事例では理解を容易にするため、特定の職場とリーダーを想定した形を採用したが、もちろん想定した以外の規模や業種にも通じるように、できる限り共通的な課題と解説にしている。

## 3. 本書の使い方

### ①自己啓発に使う

工場監督者は、毎日を忙しく過ごしている。そのために、役割認識の範囲がどうしても狭くなる。そうではなく、一流のプロを目指し、幅広い役割意識を持つための自己啓発ガイドとして本書を役立てていただきたい。

### ②社内教育テキストとして使用する

リーダークラスの社内研修・教育の必要性はわかっていても、テキストを作成する余裕がない企業も多い。本書をそのままテキストとして、あるいは副読本として役立てていただきたい。

### ③朝礼などの際に利用する

70項目の中には、管理監督者のみならず、一般従業員にとっても理解しておくべき事項が多数含まれている。これらを適宜選択し、朝礼その他で徹底するのも1つの方法である。

### ④事典として座右に置く

本書は、コンパクトで現代にも通じる工場管理用語事典の役割も果たしている。特に索引には細かい用語も収録しているので、新しいコンセプトはもちろん、常識的に使っている用語の意味の確認にも利用していただきたい。

### ⑤興味を持った項目により深く取り組む

1項目2ページに限定した中では、十分な説明ができたとは言い難い個所があるかもしれない。したがって、興味を持った、あるいは現在自工場に欠けていると思われる項目に着目して、より深く取り組む足がかりとし、実践に結びつけていただきたい。

島　雄（島コンサルティングサービス）

## 「はじめまして」

全国の現場管理・監督者のみなさん、はじめまして。

私は小石哲也と申します。

私はXY工業という、工場従業員100人の機械加工会社に勤めています。

高校を卒業してすぐこの会社に入り、現場一筋に20年勤めてきました。5年前に工場での一監督者になり（肩書きは「リーダー」）、10人ほどの部下を率いています。このほかに、10人くらいのパートさんや、繁忙期には外国人の方も働いています。

この会社では、さまざまな機械の部品を製造しています。特に精密な加工が得意で、おかげ様で忙しい毎日です。大手のお客様はPQ重工業ですが、飛び込み的な注文も少なくありません。私自身も旋盤、ボール盤など汎用工作機械の操作についてなら人に負けない腕を持っていると自負しており、このほかNC機などについてもマスターしています。

しかし、リーダーという立場になると、腕だけでは責任が果たせないと考えています。部下をどう育てるか、1円でも多くどのようにコストダウンするか、お客様に満足していただける品質とは何かなどなど、頭の痛いことばかりです。

この本では、私が、全国の現場管理・監督者の方々の代表になって、日頃困っていること、聞きたいことなどを質問として投げかけることにしました。知識も現場も熟知している執筆陣が、わかりやすい解答と解説をしてくださいます。

全国の現場管理・監督者のみなさん、この本を読んで、現場での悩みや疑問を解決するきっかけにしていただければ幸いです。

言い遅れましたが、私も家に帰れば2児の良き父親です。今は賃貸マンション暮らしですが、住環境の良いところに戸建てのマイホームを持つのが秘かな夢です。

# 新装版 はじめに

　現場の日々の業務を回すのは誰か。その現場の改革や進化を、実際に引き起こすのは誰か。それは、いつの時代も現場リーダーを置いて他にはいない。

　本書が単行本化されて十数年の月日が経過した。日本のモノづくりのみならず、海外のモノづくり現場も大きく変化してきているが、現場リーダーの役割が大きく変わったわけではない。人づくり、モノづくり、組織づくり、そして現場のユトリづくりは現場リーダーの力に委ねられている。

　一方、現場リーダーの力量はどのように変化してきたであろうか。モノづくり全盛期の20年前に比べると、力が落ちてきてはいないだろうか。そのような疑問を肌で感じるのは、現場リーダーが改善で手を動かすよりも、上司への説得や説明に時間をかけているときや、まだ改善余地のある現場を前に、自信に満ちあふれた表情で活動内容を振り返っているのを見る場面である。

　実は現場の悩みとして、
　○トラブルや繁忙時の経験が少なくて柔軟に対応できない
　○担当範囲が狭く、広く俯瞰できない
　○裁量権がなく、自分の判断で実行できない
　○手本となる現場がなく、学びの場が少ない
ことが挙げられるだろう。だとすれば、現在の現場リーダーは自身が育つ環境が整わない中で、必死に努力しているとも言える。足りないのは、拠りどころとなる考え方と経験である。身近に手本となる現場や教育者がいないなら、先人の知恵と自らの実践に頼るしか術はない。

　本書を手に取り読んでいるのは、おそらく経営者か工場長、管理監督者の方が中心と見ている。もしくは、悩みを抱えている現場リーダーたちが多いのではないだろうか。

　現場の作業は、社員中心の構成から派遣社員、業務請負、外国人労働者・研修生へと変化し、労働者による価値観の多様化が進んできた。その中でも適用できる、現場リーダーにとって不可欠で普遍的な内容が本書にまとめられている。この内容を理解し、実践していくことで現場の維持はもとより、現場改善からモノづくり革新に結びつくことを期待する。

　ライン1本1本が1つの工場、会社である。それを引っ張るのが現場リーダーの使命と言ってよい。現場リーダーのみなさんには、ぜひ一国一城の主として活躍してほしい。

　上司の方には、ぜひ現場リーダーに機会を与えてほしい。活躍できる機会を提供し、暖かく見守り、適切にアドバイスを授けたい。現場リーダーの内なる力を引き出すことこそが上司の役割だ。

　同じことは、現場リーダーにも言える。作業者1人ひとりの能力を最大限に発揮させること。それが現場リーダーの役割である。本書がその一助となることを祈念している。

2022年12月吉日
島　　雄（島コンサルティングサービス）

3

# 組織づくり

# ユトリづくり

# 守れる作業手順をつくる

**POINT** 作業手順の順守は生産性、品質管理、安全管理などすべての生産活動の基本であることを知りながら、現実は勘と経験の運転を続けている。そのうちに、すっかり違う手順に変わり、事故を誘発することになる。基本に立ち帰るにはどうしたらよいか。

## Q

管理室のロッカーには「立派な作業手順書」がホコリをかぶっています。小石リーダーは問題なく作業を進めるのに作業手順を定め、正確に順守しなければならないと考えていますが、どうして現実はこうなるのか悩んでいます。

## A

まず、現状把握を冷静に行います。問題点を整理すると、着眼点が少しずつはっきりと浮かび上がってきます（表1）。

### (1) 誰が作成するか

誤りの出発点は、そもそも実際に作業する人が作成に関与しないことにあります。設備を設計した人、製品を開発した人、製造を援助する人が作成し、実際に作業する人がかやの外に置かれてはいけません。もちろん、サポートしてもらうのは必要ですが、あくまで、実際に作業するチームのリーダーが中心となって作成を進めます。

### (2) どういう手順で作成するか

次に誤りやすい点は、詳細部分から始めることにあります。まず、作業員自身が全体を把握して、それから順に詳細に入る方が実際に役立つものが得られます。

①製造の業務フローを理解

基本となる材料の受入、前処理、切削、加工、組立、検査、入庫などの作業基本フローと、各フロー単位での設備などを明確にすることから始めます。

②基本業務を把握

各業務フロー単位で、基本的な業務を明確にします。基本業務は、作業手順の中で特に重視したい点を示します。基本業務をどう捉えるかが作成

のポイントであり、独自の作業手順作成につながります。

③作業手順の作成

最後に、基本業務をもとにより詳細なサブ業務を記述し、業務の流れを手順化します。図や写真、チャート、イラストなどを多用するとわかりやすくなります。

### (3) どう活用するか

①定期的な勉強会の実施

今の作業手順でうまく運転はできるか、わかりにくい点はないか、守られていない点は何か、などを検討します。作業手順は常に見直して生きたものとします。

②「見える化」の工夫

個々の作業で、部厚い手順書を見ている時間がない場合もあります。重要な点はカードに書き、すぐ取り出せるようにします。また、間違いやすい点は掲示して注意を喚起します。手順書にチャートや写真も挿入して見やすくします。

このほか、「デジタル屋台」は作業台の横にモニターを置き、画面の指示通りに作業すれば製品が組み上がるもので、組立産業には有効です（72ページ参照）。

③新入者の教育に使用

新入者が理解できないようでは、手順書としては落第です。

## 解説

作業手順は、労働安全衛生法でも規定されているように、作業の基本となるものです。事故や品質クレームのほとんどはこれを順守しないことが原因です。なお、作業手順書は一般的には作業標準書とも呼ばれています。

**澤田 弘道**（ベルヒュード国際経営研究所）

表1　よく見かける作業手順書の問題点

| No. | 問　題　点 |
|---|---|
| 1 | 文章が難解である |
| 2 | 表現が具体的でない |
| 3 | いくつもの作業をまとめて書いている |
| 4 | 現場管理室の戸棚に保管されている。目次も整理されていない |
| 5 | 内容が陳腐化している。最近の作業改善や設備の変更が折り込まれていない |
| 6 | 作業手順書は技術スタッフによってつくられており、作業員の関与が不足している |
| 7 | 作業手順書の管理責任者があいまいである。複数の検印があり、ほとんどが形式的な捺印である |
| 8 | 作業手順書は監査やISO審査のためという認識である。作業は、作業手順書よりも作業員の経験と勘によっている |

# マナーとエチケットを守らせる

**POINT** 時間厳守はマナーの出発点であり、始業時間、会議の時間には余裕を持って間に合わせる。また、服装を整えて作業をすることは5S運動の基本である。エチケットの基本は適切なあいさつをすることにある。

## Q

小石リーダーは、部下の中で、特に若手の従業員の服装や言葉づかいについて、いろいろ気になることがあり、今までも指導してきましたが、良くならないことが多く困っています。そこで、マナーやエチケットを具体的に守らせるポイントについて知りたいと思っています。

## A

マナーやエチケットを守らせるポイントとして、時間厳守、服装、言葉づかいを取り上げます（表1）。

### (1) 時間を守らせる

余裕を持って始業時間の何分か前には、職場に入るように促します。もし、予想できないトラブルが発生して遅れる場合には、必ず連絡をとるように指導しましょう。職場の仕事は、チームワークによって支えられています。自分が10分遅刻したとすると、10人の職場の場合は10倍の時間のロスになることを認識させることが大切です。

ミーティング、会議も開始時間および終了時間を決めて、行うように指導しましょう。司会者に選ばれると、準備にあれこれ気を使うことに気づき、それが仕事全般のスケジュールをうまく決めることにつながりますので、適時、部下の中から司会者を選びましょう（表2）。

### (2) 服装を整えさせる

職場での服装と、通勤時の服装の両方に気をつけさせることです。

工場現場では、制服として作業服を支給しているところが多いですが、常に清潔にしてボタンやファスナーがとれたり、掛け忘れたりすることのないように注意しましょう。

作業の安全面からも、袖口のボタンを掛け忘れたり、作業着の裾が出ていたりしたため機械に巻き込まれることがあります。これを防止するためにも、適正な作業服の着用が大切であることを認識させることが大切です。

### (3) 言葉づかいに注意させる

朝のあいさつは仕事の始まりです。このとき、相手の目を見てあいさつさせましょう。会社でのあいさつは、社内の人に対するあいさつのみではありません。工場見学などで来られたお客様に対するあいさつについては、日頃から部下に指導することが大切です。

次に、仕事の引き継ぎを含めた話し方についてですが、部下の中には、話すのが苦手であると思っている人がいます。それらの人に、リーダーとして話を聞くことから始めることです。十分に話を聞けば、積極的に話をするようになります。

部下に対する言葉づかいでは、リーダーはパワハラにならないように注意しましょう。また、女性に対しては、セクハラにつながらないように注意することが大切です。

## 解説

ルール（規則）を守らなければ罰則があります。マナーには罰則はありませんが、マナーを守ることが会社では必要です。

マナーは行儀作法とも言われ、会社などで決めたルールを守るだけではなく、他の人のことを考え、迷惑をかけないようにすることが大切です。

エチケットは礼儀作法とも言われ、接する相手に不快感を与えないことが基本となります。特に社外から来られたお客様に対して、適切なあいさつをすることが大切です。

大石　哲夫（大石コンサルタント）

**表1　職場のマナー・エチケット7項目**

①時間厳守がマナーの出発点、遅れるときには必ず連絡をする
②服装は清潔にし、裾や袖口は整える
③靴は汚れていないかチェックし、かかとを踏まない
④髪は不快感を与えないように調髪する
⑤あいさつはスムーズな仕事の始まり、出社時のあいさつは気持ちよく行う
⑥言葉は美しく、正確に使う
⑦ホウレンソウ(報告・連絡・相談)でチームワークをつくる(次項で説明)

**表2　会議の司会者の心構えと準備**

①会議の目的をはっきりさせる
②出席予定者の都合のよい日時、場所を確認し、出席者を決める
③案内状を発信する
④会議をどのように進めるか、考えておく
⑤予定時間に開始し、終了する
⑥できるだけ多くの人に話をさせ、議論を誘導する
⑦司会者は中立であることを守る
⑧議事録を作成、配布する

# ホウレンソウを実行し、実行させる

**POINT** ホウレンソウ（報告・連絡・相談）は、職場が円滑に運営される上で基本的なベースである。リーダーは自ら実行し、部下にも実行させることによって、初めて仕事の歯車が回り出す。

## Q

　小石リーダーは、部下から相談されることがそれほどありません。同僚リーダーに比べても交流は少ないと自分でも思っています。上司からも「オマエは最小限の報告しかしない」と言われています。自分ではこれでよいと思ってきましたが、最近になって、考え方を変えなければと、深刻に受け止めるようになりました。

## A

　まず、「ホウレンソウ」を上司に対して実行する場合と、部下に実行させる場合の、2つに分けて考えてみます。

**(1) 自ら実行する場合**

　例として報告の場合（連絡・相談にも適用される）、上司が歓迎しない報告はどのようなものがあるでしょうか。

　①要点を得ないもの
　②指示・目的に合致しないもの
　③タイミングが合わないもの
　④場所をわきまえないもの
　⑤内容が貧弱なもの

　上司が歓迎するポイントを理解するには、日常から、上司はどのようなことに関心を持っているか考えておきましょう。

　報告に至らない場合は率直な相談も必要です。責任感のある人ほど自分で判断して進め、結果だけを報告しがちです。しかし、結果に至るプロセスでの連絡は欠かせません。

**(2) 実行させる場合**

　①ホウレンソウの基本は人間関係

　人間関係がうまくいっていない職場では「報告・連絡・相談」の習慣は育ちません。「上司は

情報を求めている」「わずかなことでも聞いてくれる」という職場の雰囲気が大切です。

　②優れた聞き手になろう

　とにかく相手の話をよく聞くことです。途中で話の腰を折ったり、一方的にこちらの意見を押しつけようとしてはいけません。特に相談されたとき、感情的に怒ってはいけません。

　③ホウレンソウの場を設定する

　部下は誰でも仕事上の問題点を感じていますが、ホウレンソウと言ってもいつ上司に話したらよいかわからないことがあります。休憩時、仕事の終了後など、個人的にも声をかけるなどの配慮が望ましいのです。

　④対話で結論を出す

　部下は何らかの反応を得られるからこそ、上司と対話します。細かいことでも聞きっ放しにはせず、結論を出し、小さいことでも実行すれば、信頼感が生まれます。それが、次のホウレンソウにつながるのです。

　⑤ホウレンソウにはレベルがある

　ホウレンソウはやればよいというのではなく、やり方によってレベルがあります（表1）。

### 解説

　職場における上下を結ぶ縦糸は「報告」と「連絡」であり、「相談」は横糸です。縦糸と横糸がかみ合い、バランスがとれてこそ、状況の変化に対応できる強い組織ができます。リーダーは周囲から情報が入らなくなったら、職場の責任をまっとうできません。また、ホウレンソウに大事なのは、言葉のやりとりではなく、ベースに「期待」や「気持ち」など感情の流れがあることを自覚してほしいのです（イラスト1）。

　　　　　　澤田　弘道（ベルヒュード国際経営研究所）

表1　ホウレンソウのレベル

|  | 報　告 | 連　絡 | 相　談 |
|---|---|---|---|
| 1 | 5W1Hでわかりやすく表現する | 重要情報は確実に伝わったか確認する | 自分1人で悩まず、周囲に必要な相談をする |
| 2 | 参考資料を用意する | 連絡の順序を考える | 自分の考えを持って相談する |
| 3 | 上司だけでなく部下や関係部門へも報告する | 生情報に加え、加工情報(整理、組合せ)を連絡する | 当面の相談だけでなく、先々のことも相談する |
| 4 | 問題解決案や提案も添える | 情報の持つ意味を知らせる | 相談によって周りを巻き込み、1人ではできない大きな仕事にも取り組む |

イラスト1　ベースには感情の流れがある

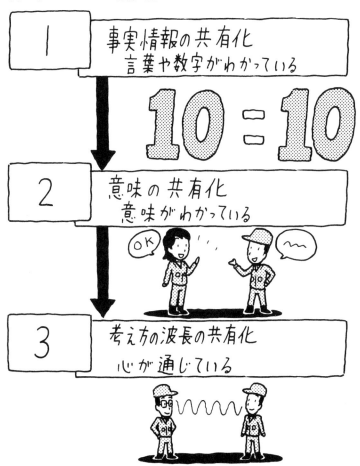

# 残業管理は労務管理の基本

**POINT** 長時間残業、残業の人による偏在、サービス残業など、残業にまつわる問題は意外に多い。これらの問題は基本的に、管理不在という共通原因によって起きており、残業の管理状態を見れば、その職場がきちんと労務管理されているかどうかがわかる。

## Q

小石リーダーには、気になっていることがあります。部下の残業のことです。以前からこの工場では、受注が大量に来た場合、残業によって消化してきました。ところが、若い新入社員層は残業を嫌います。だからと言って、大量受注の場合でも残業なしで済まそうとすると、日頃から多くの人員を用意しなければなりません。一方で、収入確保のため残業を希望する層もいます。残業を個人の希望で決めると、人によって残業が偏るという問題も発生します。どのように管理するのが一番いいのでしょう。

## A

### (1) 職場にはいろいろな残業問題がある

小石リーダーのように、残業について問題意識を持っていることは大変良いことで、一般的な中小企業では珍しいと言ってもいいかもしれません。多くは残業の管理が行き届かず、そのために、次のような問題が見られるのが実情です。

○長時間残業が定常化している
○残業を個人の好き嫌いで決めている
○人によって残業が偏っている
○サービス残業が当たり前になっている
○誰が残業を指示しているのか、はっきりしない

### (2) 原因は管理不在にある

これらの問題は基本的に、「管理者によって管理されていない」という原因で起きています。したがって、残業の実態を見れば、その職場がきちんとした労務管理、さらには組織としての管理が行き届いているかどうかわかると言えます。

まず残業（時間外労働）は、法（労働基準法）や労働契約（労働協約、36協定、就業規則など）

によって仕事であること、そして仕事である以上、指示に基づいて行われ、一定時間を超えてはならない、割り増し賃金が払われなければならない、というようなことが明確に規定されています。したがって、残業が管理されず野放しになっているということは、社外から見ても社内的に見ても、規則違反ということになります。その点を管理者も従業員も、きちんと意識しておかなければなりません。

### (3) 残業の判断を個人に任せない

一番多い問題は、指示ではなく、従業員自身が勝手に判断して残業をしたり、しなかったりすることです。ただ、現実には作業の管理を作業者に任せている場合が多く、職種や業態によってはやむを得ないこともあります。しかしこの場合でも、以下のことに取り組むべきです。

○できれば事前に、やむを得なければ事後に、理由と時間とを報告させる
○例えば週間ごとに個人別に集計し、前記のような問題が起きていないか、よくチェックする
○いやしくも収入増のために、しなくてもよい残業をするようなことは禁止する
○サービス残業（賃金支払いなしの残業）は法律違反であることを周知徹底する

### 解説

労働基準法36条には、時間外労働あるいは休日労働をするには、まず就業規則などで規定を定め、書面による協定（36協定＝サブロク協定）を交わし、これを労働基準監督署に届け出なければならないと規定しています。そのほか、協定の記載事項、時間外労働の時間限度、割り増し率の基準なども規定されています。

島　雄（島コンサルティングサービス）

# 部下をどう評価・考課するか

**POINT** 不完全な人間が不完全な人間を評価する。人事評価の難しい点がそこにある。評価の仕組みと部下への対応は、常に改善されなければならない。あるときは慎重に、ある場面では勇断を持って対処し、評価で終わらせず、今後の職場の発展に寄与させたい。

## Q

小石リーダーは、期末になると人事評価で悩みます。評価点の高い人は当然のように振る舞い、低い人はクレームを言ってきます。せっかくの機会ですから、前向きに活用したいのですが、動機付けにはほど遠いのが現状です。人事評価の考え方について、今一度整理して考え方をまとめないといけないと思っています。

## A

**(1) 人事評価は2つの面から**

①業績評価

業績への寄与度を見るため、目標管理テーマの達成度を評価します。(例えば、半期ごとに年2回)一時金の査定に関わります。

②能力評価

本人の基本的な能力開発の程度を見るため、評価の視点を設定して、能力評価を行います(表1)。(例えば、年1回)視点は職場の特徴を活かすため、現場で若干追加してもよいこととします。格付けや昇級に関わります。

**(2) 人事評価のポイント**

①本人にも評価させる

初めに自己評価させ、上司の評価とのギャップを明確にします。ギャップが大きければ、面談に力を入れます。コミュニケーションを深めるチャンスです。

②業務改善・人材育成に役立てる

人事評価は、単に評価すればよいというものではありません。標準業務の改善や人材育成のポイントの把握に役立てます(図1)。

③動機付けに役立てる

評価の仕組みを理解させ、粘り強く話す機会を持ちます。「これができていないから2点しかやれない」というのではなく、「ここをこの程度やれば、もっと良くなる」というように、前向きで励ます対応が望まれます。また、問題の個所は率直に「この作業ミスのためにクレームが発生した」と示します。そのときは逆上されることもありますが、はっきり具体的に示した方がお互いに気持ちがすっきりして、後々良い影響があります。

④キーパーソンの育成に役立てる

人事評価を通じて人材の選別を行い、将来職場を背負って立つ人材の的を絞っていきます。数は少なくても、技能でも管理能力でも突出した人間が必要です。

⑤評価の結果を工場長のせいにはしない

「私は良い点をつけたが、工場長が反対してこうなった」というのではなく、すべて自分の責任でことを運んだという対応をしないと、今後の仕事に差し支えます。工場長と評価が異なる場合は、とことん納得できるまで話し合います。

⑥次期への課題を明確にする

今期の評価で終わるのではなく、話し合いの中で次期への課題を明確にし、共有化します。

## 解説

従来、日本人の優れた特質である自主性や協調性に依存するあまり、「従業員に何を期待し、何をどう評価し、処遇するか」という、基本的評価の問題が先送りされ続けてきました。目標管理では、成果は業績評価に直結させ、成果を上げればストレートに報酬や報奨に結びつけます。リーダーはそうした成果と報酬、報奨が一体となった評価をはっきり実行することによって、従業員に対する責任を果たすことになります。

澤田　弘道(ベルヒュード国際経営研究所)

表1　能力評価の視点

●評価の視点（本人および評価者）

| 項　目 | | ウェイト | 本人 | 評価者 | 項　目 | | ウェイト | 本人 | 評価者 |
|---|---|---|---|---|---|---|---|---|---|
| 課題形成力 | 現象解析力 | | | | 実行力 | 学習志向性 | | | |
| | 改善提案力 | | | | | 順守力 | | | |
| | テーマ設定力 | | | | | 工程熟知力 | | | |
| | … | | | | | 緊急時対応力 | | | |
| 組織化力 | 周りを巻き込む力 | | | | | 技能レベル | | | |
| | 信頼獲得力 | | | | | 資格レベル | | | |
| | 現場掌握力 | | | | | … | | | |
| | 対人理解力 | | | | | … | | | |

＊項目評価点　5：大いに満足　4：かなり満足　3：満足
　　　　　　　2：ややもの足りない　1：もの足りない

図1　目標管理・標準業務・人事評価・人材育成の関係

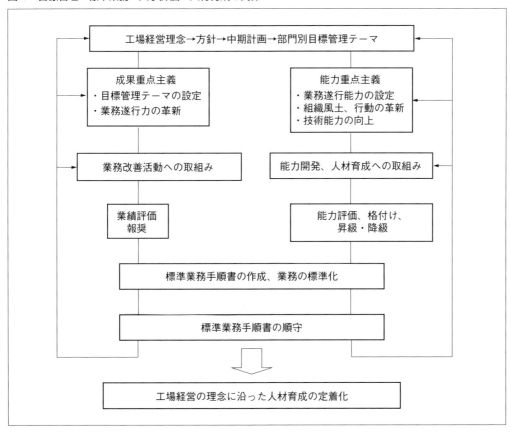

# 目標管理を活かす

**POINT** 目標管理制度を採用していても、有効に機能させているところはまだ少ない。今までの実績を反省し、原点に帰ってその進め方を見直す。個人目標と組織目標を連動させることにより、メンバーの成長と業績の向上が相まってスパイラルアップすることを狙う。

## Q

この工場ではコンサルタント主導の下に、目標管理を導入してから5年ほど経過しますが、小石リーダーの職場では運用が形骸化してしまい、中には日常の忙しさを口実にして実施しない人も見られます。何とか本来の趣旨を踏まえて、再出発したいと思っています。

## A

**(1) 目標管理が直面する問題を調べる**
 ①改善にばかり頭が行き、日常的な維持業務が後手になっていないか
 ②事務処理量が増大していないか
 ③打合せに時間を取られていないか
 ④形を整えるのに精いっぱいではないか
 ⑤運用が形骸化していないか
 ⑥文章能力や発言能力が過大評価されていないか

**(2) 運用効率化のために**
 ①様式はなるべく実質的で簡素なものとする（表1）
 ②日常的な維持業務も積極的に目標に取り上げる
 ③部下とのコミュニケーションが深まれば、時間は気にならないはずである
 ④文章表現だけに目を奪われるのではなく、業務実態も把握する
 ⑤目標管理を的確に運用するためには、技術や手法（テクニック）や書類だけに頼らず、「ホウレンソウ」がうまく機能する職場をつくれば目標管理運用の潤滑油となる

**(3) 目標管理の利点を理解させる**
 ①経営目標と直結させ、個人目標が達成され、

成果が上がれば、経営は評価する
 ②実行の期限が明確になり、上司も同僚もお互いに安心できる
 ③目標と実行がチームの中で公開されるため、問題意識が共有化される
 ④部下とのコミュニケーションが深まり、仕事の具体的なやりとりの機会が増える
 ⑤目標の達成度が評価の尺度になり、賃金や昇進の決定が公平になる

**(4) 目標管理テーマを設定する**
 テーマ設定には順序を踏みます（図1）。

**(5) 部下が達成できなかった場合**
 部下の達成度が不十分な場合、叱るだけでなく、その原因を一緒に考え、励ましながら、次回は達成できるよう援助します。

## 解説

**(1) 個人目標は経営方針や組織目標と連動**
 目標管理とは、企業がその目的を達成し、ビジョンを実現していくために、個人の目標を経営方針や組織目標と連動させた上で、具体的かつ明確に設定させるためのプロセスです。
 目標とは、ある一定の期間に上げるべき成果を具体的に示したものであり、目標のないところに業績は存在しません。

**(2) メンバーの動機付けと育成**
 目標管理により、メンバーを動機付け、元気づけ、キーパーソンを育成しつつ、組織業績を上げていくことができます。目標管理は達成度の管理というよりも、むしろ業務実行プロセスの管理です。ノルマを課し、尻をたたくものではありません。
 実行プロセスをきっちり管理することにより、業務のレベルを上げることが狙いです。

澤田　弘道（ベルヒュード国際経営研究所）

表1　××年上期OJT個人目標書の例

| 作成年月日 | | 所属 | | | | | 氏名 | |
|---|---|---|---|---|---|---|---|---|
| 項　目 | | 目標管理テーマ | 到達レベル（到達時期） | 十分 | まず | 不十分 | 達成状況と今後の取組みについて | |
| 担当する業務に関する内容 | | | | | | | 《本人》 | |
| | | | | | | | | |
| | | | | | | | 《上司》 | |
| 自己啓発に関する内容（本人記入） | | | | | | | | |

図1　目標管理テーマの設定

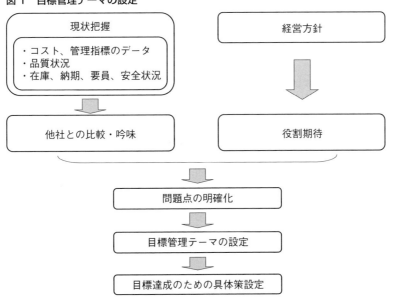

# 部下の叱り方・ほめ方

感情的にならないで、部下の言いたいことをよく聴き、部下の行った事実に基づいて良いことがあればほめ、悪いことがあれば叱ることが大切である。ほめるときは、グループ全員の前でほめてよいが、叱るときは個室で叱るようにする。

## Q

小石リーダーは、入社当時はよく上司から叱られ、そのたびにいろいろ思い悩んだ経験があります。最近、若手社員の何人かが職場でトラブルを起こし、生産上も問題が出ることが起こっています。ほめたり、叱ったりするときのうまい方法を知りたいと思っています。

## A

まず、仕事について部下の言うことをよく聴き、事実を受け入れることです。職場で起こった事実について、良いことがあれば、まずほめることです。さらに、悪いことが見つかれば注意し、叱ることも必要です。通常、ほめるときはグループ全員の前でほめてよいのですが、叱るときは個室で叱るようにします。

### (1) 聴き上手であること

部下の話に耳を傾けて、集中して聴きます。聴くときに大切なのは、相手の言うことをまず受け入れることです。先入観で好きな相手、嫌いなタイプを区別せずに、仕事上の事実をよく確かめます。

相手の話を上手に聞くために、次のことに注意しましょう。

①相手の目を見て、「なるほど、そうですね」などとうなずき、受け入れる気持ちを率直に表します。これにより、相手も話す勇気が出るものです。特に、気の弱い部下に対してはこれが大切です。

②会話の中に、こちらからの質問を入れ、会話を活発にします。これにより、自分の興味や関心事を相手に伝えることができます。

③相手の言葉を繰り返し、「あなたの言いたいことは……ですね」などと中身を確認します。

④「大変でしたね」などと相手への共感を表すことも大切です。

### (2) ほめ上手になること

部下の仕事や行動に目を向け、何が良くて職場のためになったかを上司として素直に伝えます（表1）。

グループ全員がいるときにほめることで、職場のムードが良くなる場合が多いものです。ただし、事実を確かめずにほめるのは、おだてることになり、相手に対して空々しくさせるだけです。

### (3) 叱り上手になること

叱ることは、職場のリーダーにとって最も難しいことです（表2）。下手に叱れば相手の感情を害し、いつまでもしこりが残ります。しかし、ルールや規律を守れない部下がいれば、職場全体の能率が下がり、事故やトラブルの原因にもなりかねません。上司として勇気を出して叱ることが必要です。叱るときの注意点は次の通りです。

①感情的にならず、事実に基づいて叱る

②誤解を与えない明確な表現をする

③一方的な叱り方でなく、相手の言い分を聴く

### 解説

「日本人は、けなすことには熱中するがほめ下手で、ほめることには妙に照れるところがある」と言われています。

部下を育てるには、「よく聴き」「うまくほめ」「上手に叱る」ことです。部下が期待通りの成績を上げたときには、みんなの前で大いにほめましょう。ボーナスを多少増やすよりも、モチベーションの向上に効果があるようです。また、部下がルールやマナーを守れなかったときは、勇気を出して事実に基づき叱りましょう。

大石　哲夫（大石コンサルタント）

表1　ほめ方が上手になる7つの鉄則

①部下の良い仕事や行動に対して、抽象的でなく具体的にほめる
②心にもないことはほめず、おだてるだけのことはしない
③部下の良いところを知った上でほめる
④ほめるときは、みんなの前でほめる
⑤言葉だけでなく、態度でも表現する（肩をたたく、握手する）
⑥ほめるタイミングを外さない
⑦ほめた後に次の課題を示し、さらにがんばろうと励ます

表2　叱り方が上手になる7つの鉄則

①職場のため、部下のために勇気を持って叱る
②叱る目的を明確にし、理由をはっきり伝える
③感情的にならず、具体的な事実に基づいて叱る
④誤解を与えない明確で簡潔な表現をする
⑤一方的な叱り方ではなく、相手の言い分もよく聴く
⑥誰に対しても公平に叱る
⑦できれば、個室に呼んで叱る

# パート、アルバイトをどう活かすか

**POINT** 生産現場で働くパートやアルバイトの方々で、いわゆる非正社員の数が増えている。業務内容も補助的なことだけではなく、主要工程を任される場合も多い。このようなときに、正社員に比べて特に配慮すべきことは何であろうか。

## Q

XY工業では、生産にそれほど季節変動はありませんが、春と秋にやや忙しくなる傾向があります。そういう時期にはパートさんに来てもらい、製品の検査や倉庫の整理などに従事してもらっています。

パートさんのほとんどは女性で、地元の主婦の方が多いようです。小石リーダーのもとにも2, 3人のパートさんが配置されますが、一時的に手伝ってもらうのみならず、カイゼン活動にも参加してもらいたいと思っています。しかし、パートさん自身があまり積極的ではありません。どのように接すればよいのでしょうか。

## A

XY工業の例のように、一時的また補助的な仕事でなく、食品・電気など組立加工型の職場では、主要工程を任されることも多くなっています。

### (1) 正社員と区別しない

基本的には「仕事のし方、させ方で、正社員とは区別しない」ということが大切です。非正社員には、待遇などの面で正社員と区別されているという気持ちが強く、また短期的な勤務という意識もあります。そこを理解することは大切ですが、だからと言って過剰意識もいけません。非正社員の人も、仕事をする以上は、ミスのないようにきっちりとやり遂げようという意欲はあるのです。

したがって、正社員に伝える情報はまったく同等に、非正社員にも伝えましょう。仕事の指示に対し、説明や指導をすることも同等に行います。また、ミスやトラブルを起こしたときには、これも正社員と同等の扱いで注意もし、原因究明と対策を一緒に考えます。ホウレンソウ（10ページ参照）をきちんと守らせることも当然です。

カイゼン活動に関しても同様です。補助的業務であれ何であれ、会社にとって必要な仕事を任せている以上、その仕事に関する改善提案や意見具申があれば、積極的に取り上げましょう。その仕事に関してはプロであるという尊敬を持って接すれば、当人たちも誇りを持って応えてくれるでしょう。

### (2) 女性問題として

パート従業員は多くの場合女性であるため、女性問題と重複します。女子従業員に関しても、以上述べたことはすべて当てはまり、男性と区別したような仕事のさせ方、し方であっては絶対にいけません。

一方で、女性は往々にして素晴らしい改善力を発揮します。いったんその気になると、とことん追求する傾向の人が多いためでしょう。身近なカイゼンで成果を上げてもらうことが、動機付けの秘訣です。

## 解説

労務管理や雇用問題に関しては、多数の法規類があります。基本的人権に関わるものとして憲法やいくつかのILO条約があり、基本的労働条件に関わるものとして労働基準法があります。このほか、特に本項に関係あるものとしては、女子差別撤廃条約やパートタイム労働法、男女雇用機会均等法、育児・介護休業法などが挙げられます。

これらの法規を守ることはもちろんですが、基本的には労働契約をはっきりさせておくこと、採用時や定期的に就業規則の教育をすること、が求められます。

島　雄（島コンサルティングサービス）

# 派遣社員への心配り

**POINT** 近年、製造現場に派遣社員など多様な立場の労働者が混在して、仕事を進めるケースが増えている。その結果、ちょっとしたもめごとやトラブルも起きやすくなっている。このような現状を前に、監督者としてどう対処したらよいか迷いがあるようだ。

## Q

小石リーダーは、どのように派遣社員に対応したらよいか悩んでいます。仕事をまじめにやる人もいますが、取組みが消極的で、正社員になじめない人もいます。正社員側も何か壁をつくっているように見受けられます。人手不足により正社員だけで仕事をこなすことはできず、派遣・契約社員の助けを借りなければならないのですが、今のままでは職場で何か問題が起きそうです。

## A

まず、「派遣社員の問題」とひと口に言わずに、「動機付け」と「職場の対応」の両面から考え、取り組みます。

### (1) 派遣社員の動機付け

正社員は長期の雇用が保証されていますが、派遣社員はそうではありません。そこで、いろいろな仕事を通じてキャリアを積むことに熱心な、プロ意識のある人が多いようです。同時に、仕事自体の適正な評価を要求する点では、並々ならぬところがあります。したがって以心伝心ではなく、明確に監督者の意図を伝えれば、話は通じます。このように、正社員との違いを自覚する必要があります。

近年、派遣社員に限りませんが、人手不足による安易な採用で、仕事の質の低下が生じています。理由もなく急に出社しなくなる場合もあります。中には、どうしても話が通じない人もいるでしょう。その場合は早めに人材派遣会社のコーディネーターと交渉するか、やむを得なければ、結果として人員の交代を要求する決断も必要です。ただし極力、派遣社員としての立場を理解して、モノづくりのために共通の認識が持てるよう指導したいものです。

### (2) 職場の対応

正社員側からすると、他所からやってきた一時在籍者と決めつけた見方をする場合もあります。固有の業務遂行能力では、長年ぬるま湯に浸った正社員より数段優れた人もいるため、自分の仕事を奪われることになると内心懸念する正社員がいるかもしれません。そういう雰囲気を変える立場の人は、日常の現場を熟知している監督者しかいません（イラスト1）。

契約や所属はともかくとして、極力平等に扱います。最近では少なくなりつつありますが、懇親会や慰安旅行、歓送迎会などの機会を利用してコミュニケーションを深めるのも1つの方法です。情報の伝達や仕事の厳しさも差別してはいけません。見習うところは誰からも見習う雰囲気づくりと、どんな人でも、同じ仕事は同じ基準で評価する公平さが望まれます。

### 解説

トラブルの原因は法律問題に関することもありますので、派遣社員の契約条件や関連法規を理解する必要があります。他職場の監督者や人事担当者との勉強会も役に立ちます。

今や数の面では、派遣社員など非正規社員の助けなしでは成り立たない業種も多くなっています（図1）。さらに、製造現場では作業員の数だけではなく、その質的能力に依存している面もあります。派遣社員をどう戦力化できるかの差が、競争力の優劣を左右すると言ってもよいのです。

澤田　弘道（ベルヒュード国際経営研究所）

イラスト1　仕事では派遣社員も平等に扱うこと

図1　派遣労働者数の推移

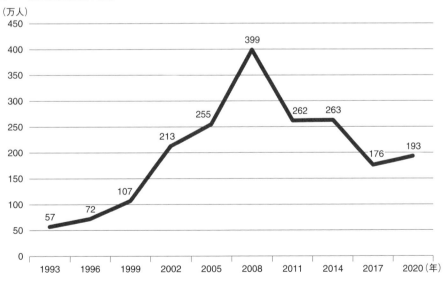

出所：厚生労働省「労働者派遣事業報告書」(2015年法改正で算出法変更)

# 高齢化に対応する

**POINT** 少子化の進展により新卒の入社は多くを期待できず、一方で継続雇用制度により定年が引き上げられ、職場の平均年齢はますます上昇している。こうした状況で、高齢者の身体機能の低下に対応しつつ持てる経験を尊重し、彼らの能力を活かす職場を育てよう。

## Q

近年の事業スリム化の影響を受けて、職場では新卒者が少なく平均年齢が上昇し、高齢者が増えてきました。小石リーダーより年上の作業員も多くなりましたが、今まで通りの労務管理、作業管理では問題がありそうです。どう対応したらよいか考え直さなくてはなりません。

## A

高齢化による機能の低下は人間として必然的なことと受け止め、影響を極力少なくするよう努めましょう。表1に、特徴的なことを一覧表で示しました。機能の低下が主原因により労働災害発生率は40歳から増加し、65〜74歳では30歳前後の約2倍（女性では約3倍）という高い発生率となっています（図1）。

**(1) 筋肉労働を軽減する**

①設備化

できるところは極力設備化を図ります。設備導入は採算計算により決定するのが一般的ですが、採算に乗らなくても実施せねばならない場合も多いのです。

②作業改善

腰痛対策を例にとります。

○1個当たりの重量よりも「1個の重量×1日の取扱い数量」に着目する

○重いものは棚の下段には置かず、屈む姿勢を避ける

○腰をひねる作業を避ける

○長時間固定した姿勢は避ける

**(2) 技術的な指導を根気よく行う**

パソコンを含むIT教育が良い例ですが、技術的なギャップが大きくて対応できない人がいます。特別メニューにより、基本から地道に教育します。焦ってはいけません。

**(3) 既成概念や悪習慣を排除する**

現在の高齢者が職場で育ったのは、今から50年くらい前の時代です。安全を例にとると、その頃の労働災害度数率は現在の約10倍から20倍という数字でした。したがって、現在のような安全管理がかなり確立された状態で教育やしつけを受けたわけではなく、むしろ不安全がまかり通っていた状態で育てられていました。身に着けた悪習慣があれば排除します。

**(4) 人生設計の相談に乗る**

今後の自分の立場が見え始める場合もあるので、リーダーとしては退職後の職場のあっせんを含めて、できる限り人生設計の相談に乗る姿勢が期待されます。本人の仕事に対するモチベーションを、大きく左右することになります。

## 解説

**(1) 高齢者は現場の要**

どの職場でも低成長に加えて、産業の空洞化やリストラ、さらに少子化の進む中で新卒者の入社は多くを期待できません。むしろ、定年延長がさらにまで進み、職場の平均年齢は上がり続けるでしょう。今後は高齢者を現場の要と認識して、彼らが活力を失わず、かつその能力を活かすことができる職場を育てていく施策が望まれます。

**(2) 高齢者の経験や熟練度を尊重する**

高齢化により身体的機能は低下しますが、経験や蓄積した知識と結びついた知能は低下しないと考えられています。高齢者の経験や熟練度を尊重し、重用する職場風土が望まれます。

澤田　弘道(ベルヒュード国際経営研究所)

表1　高齢者の機能低下

| 機能 | 具体的現象例 | 解決策例 |
|---|---|---|
| 筋力 | ・握力が低下する<br>・腰痛 | ・作業方法の改善<br>・作業姿勢の改善<br>・設備化 |
| 防衛体力 | ・かぜをひきやすく、治りにくい | ・深夜業を含む過重労働の回避 |
| 視力 | ・老眼<br>・暗いところで見えにくくなる | ・照度の改善<br>・細かい字を使わない |
| 聴力 | ・雑音の中で聞き分けにくい | ・話すだけでなく、書いてみせる<br>・騒音対策の実施 |
| 記憶力 | ・新しい知識が頭に入らない<br>・同じことを何度でも尋ねる | ・新しいことは過去の知識と関連づけて理解する<br>・忘れたことを聞き返せる職場にする |
| 集中力 | ・考えごとが多く他人のことに関心がなくなる<br>・私生活を含めて悩みが多くなる | ・職場の中で気分転換を図る機会を用意する |
| 頭の柔軟性 | ・自己の既成概念にしつこくこだわり、相手の考えに対応しようとしない唯我独尊の世界に陥りやすい | ・根気よく話し合いを続ける |

図1　高年齢労働者の労働災害の特徴

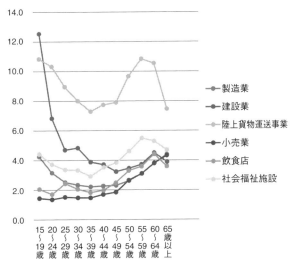

年齢別・業種別　千人率

データ出所：労働者死傷病報告（令和3年）
　　　　　　労働力調査（基本集計・年次・2021年）
※1年間の平均労働者数として、「役員を含んだ雇用者数」を用いている

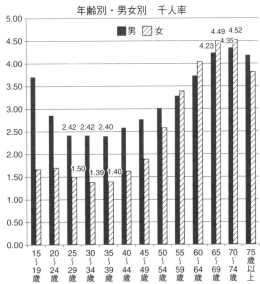

年齢別・男女別　千人率

※千人率＝労働災害による死傷者数／平均労働者数×1,000
※便宜上、15～19歳の死傷者数には14歳以下を含めた
　データ出所：労働者死傷病報告（令和3年）
　　　　　　　労働力調査（基本集計・年次・2021年）

出所：高年齢労働者の労働災害発生状況（令和3年）

# 新入社員を早期に戦力化する

**POINT** 人手不足の時代に新任者が1日も早く現場に参加し、活動してほしいと誰もが願う。しかし、モノづくりの現場は効率だけでなく、安全や品質などの問題が山積している。監督者は焦ってはいけない。順序立てたオーソドックスなやり方しかない。

## Q

小石リーダーの職場は、人手不足のため定員割れが続いています。しかし近年では珍しく、来年は新任者が5人入ってきます。早く戦力化したいのですが、以前は入社した年の5月に、新任者が労災事故を起こしてしまいました。今から準備して今回は順調に進めたいと思います。

## A

新卒を含む新人には、まず基本的なことから教えなければなりません。早期戦力化は当然企業のニーズですが、この際「急がば回れ」の育成方法が結局はその目的にかないます。問題はじっくりと順序立てて教育することであり、効率的に進めることを目指します。

### (1) 導入教育

入社直後の新鮮な時期に、集合教育で基本的なことを学びます（表1）。具体的には会社のルールやマナー、安全体験学習、工具の取扱いなどについてです。同時に先輩、同僚などとの触れ合いの機会も持ちます。

### (2) 現場での研修

#### ①製造の業務フローと基本作業

基本となる材料の受入、前処理、切削、加工、組立、検査、入庫などの業務フローと、各フロー単位での設備、基本的な作業を理解します。

#### ②作業手順

手順書に従って詳細な手順を理解します。一部、実作業と組み合わせた方が効果的です。なお、実作業は単独ではなく、先輩社員とペアになって行います。

#### ③緊急処置対応

機械故障、停電、地震などの緊急時の対処はす

ぐには身につきませんが、定員化の前にはひと通り理解します。

#### ④労働安全

導入教育では一般的なことですが、現場では災害事例と実作業における災害リスクを学びます。新人は思いがけない行動に出て災害を招きますので、特に注力する必要があります。

#### ⑤品質教育

作業手順との関連で、品質のつくり込みを学びます。新任者が現場に入った頃に、クレームが多くなるのはよくあることです。

#### ⑥職場への慣れ

連休から夏にかけて、あるいは長期休暇明けは気分的に落ち込む時期です。会社や仕事のことだけでなく、日常の精神的なサポートが必要です。そこで先輩社員を指導員につけて、私的なことも含めて面倒を見ます。職場行事での世話役や休憩時のスポーツが有効です。

### 解説

近年では少子化に加えて、若者の理工系離れを背景に技術者を目指す層が減っています。継続雇用は進んできたものの団塊の世代は現場から少なくなっており、新人の採用拡大は急務となっています。企業は売り手市場の中で積極的に採用活動に動いていますが、選抜の網を緩めれば緩めるほど質の低下が免れません。

専門知識はOJT（業務上での訓練）、OFFJT（業務外での訓練）により教育します。基礎学力が不足している場合には、研修効率は著しく低下しますが、粘り強く進めなければなりません。実作業を通じた親切な対応が決め手になります。

澤田　弘道（ベルヒュード国際経営研究所）

**表1　新入社員導入教育研修実施要領例**

| 研修名 | 新入社員導入教育 | | 日程 | R4年3月26日～29日 | | 場所 | 第1研修室 |
|---|---|---|---|---|---|---|---|

| 狙い | ①学生から社会人への気持ちの切換えができ、社会人・会社人としての自覚が生まれている<br>②一般工具の取扱い方法や、安全行動の基本的知識が理解でき、実践力が身についている<br>③合宿生活を通じて同期社員や指導員層との間に親近感が生まれ、仲間意識ができている<br>④躾教育が浸透し、あいさつや身の周りの整理整頓がしっかりできている |
|---|---|

| スケジュール | 7 8 9 | 10　　11 | 12 | 13 | | 14 15 16 17 | | 18　　19 20 |
|---|---|---|---|---|---|---|---|---|

| 3/26<br>（水） | | 入社式・工場長講話<br>「自分のキャリアを振り返って、新入社員諸君に期待すること」 | 昼食 | オリエンテーション | 自己紹介 | 職場のマナーとルール<br>①電話対応<br>②あいさつ、言葉づかい<br>③就業規則のポイント<br>④身なり、服装 | ゲーム<br>工具の組立 | 夕食 |
| 3/27<br>（木） | 起床・体操・朝食 | 製造基本知識教育（Ⅰ）<br>①数字演習、単位、電卓使用法<br>②一般的化学物質の物性と取扱い | 安全知識教育 | 昼食 | 演習（Ⅰ）「安全体験学習」<br>①職場の5S<br>②保護具<br>③安全帯の体験<br>④KYT訓練<br>⑤指差呼称<br>⑥消火設備取扱い | | 動画鑑賞（Ⅰ）<br>できる社員の報告・連絡・相談 | 夕食　補講 |
| 3/28<br>（金） | 起床・体操・朝食 | 製造基本知識教育（Ⅱ）<br>①治具・工具の名称と取扱い方法<br>②設備機器の名称・機能・基本操作 | | 昼食 | 演習（Ⅱ）<br>「モノづくり体験」 | | 動画鑑賞（Ⅱ）<br>「天秤の詩」 | 激励会 |
| 3/29<br>（土） | 起床・体操・朝食 | 職場見学 | 先輩社員との懇談 | 昼食 | 決意表明作成 | 発表 | 事務連絡 | 解散 |

| 準備物 | 事務用品：ノート、KJラベル、演習道具一式<br>保護具など：作業帽、安全靴、安全帯、手袋 |
|---|---|

| 参加者 | 幹部職2名、先輩社員3名、トレーナー2名、新入社員5名　合計12名 |
|---|---|

# 人づくり 12 多能工化を図る

**POINT** 分業制度は、一定の製品を一定の作業標準の下で、大量につくるには適した方法である。しかし昨今のように、適時変種変量生産する時代にはそぐわない。作業員1人ひとりが、どのような機械や工程でもこなすようになることが求められている。

## Q

小石リーダーの部下には、旋盤・ボール盤・フライス盤・プレス機…とどの機械でも使いこなすベテランもいれば、旋盤しか操作できない人もいます。このような人がもっといろいろな機械が操作できるようになれば、臨機応変な生産ができて効率が上がるのではないか、と小石さんは考えています。

## A

### (1) なぜ多能工化が必要か

いくつかの機械や工程があって、何人かの作業者がそれぞれを分担して作業をすることを分業と言います。また、分業する機械や工程だけしかやらない作業者を単能工と言います。これに対して、どの機械も工程も操作できる人を多能工と呼んでいます。

「解説」で述べるように、最近は一定の製品をどんどんつくるという少品種大量生産から、いろいろな種類の製品を適宜フレキシブルにつくるようになっています。この場合には、分業や単能工方式は適しません。そのため、多能工化が必要になるのです。多能工化によって、忙しい部署と暇な部署とが応援し合うこともできるようになり、仕事の平準化も可能になります。

### (2) 多能工化は計画的に行う

多能工化は、1人ずつ計画的に行っていきます。

まず、表1に示すような一覧表をつくり、Aさん、Bさん…とメンバーごとに、現在操作ができる機械や工程に○をつけます。自分1人では無理だが、指導員がつけば可能というときには△にするなどの工夫もしましょう。次に、できない対象を、いつまでにできるようにするか計画をつくり

ます。

教育は、もちろん熟練した先輩が行います。その役割の人の呼び方を、マイスターやトレーナーなどと決めておくのがよいでしょう。また、教育のためには、ジョブ・ローテーションが必要です。ジョブ・ローテーションとは、同じ仕事ばかりさせるのでなく、ある期間ごとに計画的に仕事をいろいろ変えて、習熟してもらうことです。教育用に、予備の機械やモデルラインがあれば理想的です。装置産業では、異常措置訓練のためにシミュレーションモデルを使うこともあります。

多能工化計画は、一覧表にして現場に貼っておきます。そうすることで各自の目標がはっきりし、励みにもなるからです。

### (3) 多能工化にあたっての注意事項

工場には、いろいろな仕事をこなせるようになることを好む人もいますが、1つの仕事だけに専心することを好む人もいます。どちらかと言えば、後者の方が多いかもしれません。また、技能の修得の速さも人によってまちまちです。そこで、多能工化を工場の当然のルールとする反面、画一的なスケジュールでなく、個人ごとに計画的に行うことが求められます。

## 解説

従来、分業とベルトコンベヤ生産方式は、最も完成された大量生産のやり方とされてきました。このやり方は、決まった仕事が決まったスピードで流れているときには効率的ですが、いったん状況が変わるとたちまち非効率に転じてしまいます。しかも、現代の工場は毎日、条件が変化するのが当たり前と言えます。そこで、全員がどの仕事でもできるようにする必要が出てくるのです。

島　雄（島コンサルティングサービス）

**表1　多能工化計画表**

2022年4月作成　2022年 7 月現在

| 人名 ＼ 工程 | 旋　盤 | | | ボール盤 | | | プ レ ス | | | ⋯⋯ |
|---|---|---|---|---|---|---|---|---|---|---|
| | 現状 | 計画 | 実績 | 現状 | 計画 | 実績 | 現状 | 計画 | 実績 | |
| 小石 | ○ | | | ○ | | | ○ | | | |
| A | ○ | | | △ | 22.7 | | ○ | | | |
| B | △ | 22.5 | 完 | ○ | | | ○ | | | |
| C | △ | 22.12 | | △ | 22.8 | | ○ | | | |
| D | ○ | | | △ | 22.9 | | × | 22.12 | | |
| E | ○ | | | × | 22.11 | | ○ | | | |
| F | × | 22.6 | 完 | △ | 23.1 | | ○ | | | |
| G | △ | 22.10 | | × | 23.3 | | △ | 23.2 | | |

# 現場の技術をどう伝承するか

**POINT** 現場の技術が伝承されていない問題は、以前からも指摘されていた。工場の海外移転や自動化の進展で手作業が不要になり、さらなる深刻化が想定される。主な解決手段は文書化、動画化、OJTで、現場に技術が残っている今こそ伝承の絶好の機会と言える。

## Q

頼れる先輩が次々にリタイヤしていく中で、小石リーダーは次世代にどうやって技術を引き継いでいくかが課題であると感じています。一方で会社トップには、「技術伝承は当然行われてきたはず」という認識はありますが、実態は作業手順書として文書化を進めているだけでした。

## A

工場の操業で必要とされるスキルは、技能、管理技術、改善技術に分けられます。それぞれ何を意味し、どう伝承していくかを解説します。

### (1) 技能

手作業中心の現場で必要となるのは、旋盤やフライス盤などの各種加工技術、組立技術、不良選別の目視検査・測定技術など作業者が身につける技能です。多くの現場では自動化が進み、普段は技能を必要としませんが、自動化前の工程や新製品を立ち上げる際は、手作業での対応は必須です。昔は当たり前に行われてきた加工や検査技術を、どう残すかが課題となります。

手段としては、作業手順書やノウハウ集として文書化することが一般的ですが、手間がかかることや伝え切れない部分がある点が課題です。近年では動画化が簡単に行え、スマートフォンなどで熟練者の動きや生の声での説明を蓄積できますので、積極的に活用しましょう。

教育・伝承の結果、身につけた技能がどの程度のレベルなのかを客観的に評価するものとして、技能検定制度があります。全部で130職種設けられ、職種別に特級・1〜3級の技能評価があり、合格すると「技能士」と名乗ることができます（表1）。技能を極めた延長線上に技能五輪があります。

### (2) 管理技術

次に、日々現場を管理運営する管理技術が挙げられます。これは、現場リーダーの技術を残すことにもなります。

Q：品質、C：コスト、D：納期、S：安全をどう維持向上するかがポイントとなります。日々の品質をとらえて不良を減らしていく方法、適正な人員を維持する方法、生産リードタイムを把握・維持する方法、職場の安全を守る方法です。少し古いですが、QC7つ道具など品質をとらえる重要な技術となります。

伝承の手段としては、管理手順書やノウハウ集として文書化することと、その文書化したものを用い、実地で現役リーダーから次世代リーダーにOJTで教えていくことが有効です。

### (3) 改善技術

最後に、現場を進化させる技術を残すことが重要です。IE（Industrial Engineering）、トヨタ生産方式に代表される現場効率化やムダ取り技術です。

伝承手段は、社内ノウハウのアーカイブ化やOJTに加え、外部研修・異業種交流などがあります（図1）。動作分析、時間分析、ECRSの原則、ムダの見方など机上で学べるものも多いですが、社内展開のみではどうしても井の中の蛙になります。オンラインメニューも増えていますが、異分野の人がリアルで集まる研修は選択肢の1つです。

## 解説

現場の技術伝承は文書化が中心と思いがちですが、技術が進化し選択肢も増えています。手軽に五感に訴える形で蓄積しましょう。また、単に技能だけでなく、維持管理や改善技術にも目を向けるようにしたいものです。なお、本稿の内容は「モノづくり」の章で再度詳細に触れます。

## 表1 主な技能検定職種・作業内容の例（機械系分野）

技能検定は働く上で身につける、または必要とされる技能の習得レベルを評価する国家検定制度
工場で必要となる技能を広範囲でカバーする

| 技能検定職種 | 選択作業 | 特級 | 1級 | 2級 | 3級 | 外国人技能実習生向け2級、3級、基礎級 | 対象とする技能の内容 |
|---|---|---|---|---|---|---|---|
| 機械加工 | 普通旋盤作業 | ○ | ○ | ○ | | ○ | 工作機械による金属などの切削加工、研削加工、けがきなどに必要な技能 |
| | 数値制御旋盤作業 | | ○ | ○ | | ○ | |
| | 立旋盤作業 | | ○ | | | | |
| | フライス盤作業 | | ○ | ○ | | ○ | |
| | 数値制御フライス盤作業 | | ○ | | | | |
| | ブローチ盤作業 | | ○ | | | | |
| | ボール盤作業 | | ○ | | | | |
| | 数値制御ボール盤作業 | | ○ | | | | |
| | 横中ぐり盤作業 | | ○ | | | | |
| | ジグ中ぐり盤作業 | | ○ | | | | |
| | 平面研削盤作業 | | ○ | ○ | | | |
| | 数値制御平面研削盤作業 | | ○ | | | | |
| | 円筒研削盤作業 | | ○ | | | | |
| | 数値制御円筒研削盤作業 | | ○ | | | | |
| | 心無し研削盤作業 | | ○ | | | | |
| | ホブ盤作業 | | ○ | | | | |
| | 数値制御ホブ盤作業 | | ○ | | | | |
| | 歯車形削り盤作業 | | ○ | | | | |
| | かさ歯車歯切り盤作業 | | ○ | | | | |
| | ホーニング盤作業 | | ○ | | | | |
| | マシニングセンタ作業 | | ○ | ○ | | ○ | |
| | 精密器具製作作業 | | ○ | | | | |
| | けがき作業 | | ○ | ○ | | | |
| 放電加工 | 形彫り放電加工作業 | ○ | ○ | | | | 放電加工機による金属の加工に必要な技能 |
| | 数値制御形彫り放電加工作業 | | ○ | | | | |
| | ワイヤ放電加工作業 | | ○ | | | | |
| 金型製作 | プレス金型製作作業 | ○ | ○ | | | | 金型の製作に必要な技能 |
| | プラスチック成形用金型製作作業 | | ○ | | | | |
| 金属プレス加工 | 金属プレス作業 | ○ | ○ | | | ○ | プレス機械による金属薄板の加工に必要な技能 |
| 機械検査 | 機械検査作業 | ○ | ○ | ○ | | ○ | 機械の部品および作動機構の検査に必要な技能 |
| 電子機器組立て | 電子機器組立て作業 | ○ | ○ | ○ | | ○ | 電子機器の組立ておよびこれに伴う修理に必要な技能 |
| 電気機器組立て | 回転電機組立て作業 | ○ | ○ | | | ○ | 電気機器の組立ておよびこれに伴う修理に必要な技能 |
| | 変圧器組立て作業 | | ○ | | | ○ | |
| | 配電盤・制御盤組立て作業 | | ○ | ○ | | ○ | |
| | 開閉制御器具組立て作業 | | ○ | | | ○ | |
| | 回転電機巻線製作作業 | | ○ | | | ○ | |
| | シーケンス制御作業 | | ○ | ○ | | | |

出所：厚生労働省

## 図1 文章・写真・動画の使い分け

すべて一律で動画に残しておけばよいわけではない。文章・写真・動画にはそれぞれ長所と短所があり、それを踏まえてどの形式で残すかを考える。また、いつでも引き出せるように検索キーワードを埋め込んでおくとよい

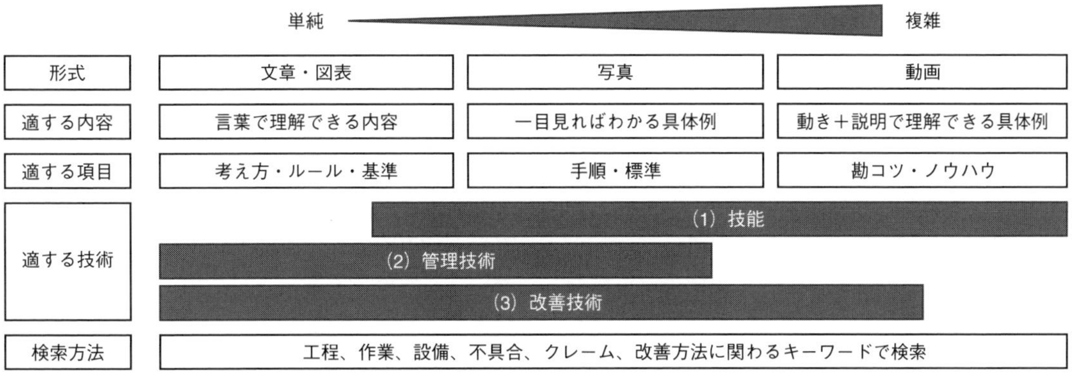

単純 ◀━━━━━━━━━━▶ 複雑

| 形式 | 文章・図表 | 写真 | 動画 |
|---|---|---|---|
| 適する内容 | 言葉で理解できる内容 | 一目見ればわかる具体例 | 動き＋説明で理解できる具体例 |
| 適する項目 | 考え方・ルール・基準 | 手順・標準 | 勘コツ・ノウハウ |

| 適する技術 | （1）技能 |
| | （2）管理技術 |
| | （3）改善技術 |

| 検索方法 | 工程、作業、設備、不具合、クレーム、改善方法に関わるキーワードで検索 |

# 保護具をきちんと着けさせる

**POINT** 保護具を装着していれば被災しなかった、という例は多い。しかし、作業の速さや身軽さを優先して、うっかりすることがあるかもしれない。どの場所でも、どのような時でも、ルール通りに順守させるにはどうすればよいか。

## Q

小石リーダーは現場巡視のとき、作業帽を被っていない人を見かけることがあります。注意すればそのときは直りますが、それでは遅いのです。この程度のことがどうすればなくなるのか、で悩んでいます。安全衛生委員会や朝礼などのミーティングではきわめて当然に話されている事柄が、現場ではどうして100％守れないのでしょう。

## A

### (1) 使用のルールを定める

保護具は作業や環境により、まったくその効用が違います（表1）。どの作業にどの保護具が必要か、ルールを定めます。その際、専門業者の知恵も借ります。

有毒ガスが漏洩した場所では、防毒マスクを着用しても酸素濃度が低下していれば酸欠になります。使用方法を誤ると命取りになります。

### (2) 保護具は清潔に保管する

必要数の確保や管理責任者の決定はもちろんのこと、清潔に保つことにも留意し、定められた場所に保管します。モノづくりの現場では、汚れたものが散乱していては、ルールを守る気になりません。使いにくいものは修理するか、思い切って新品と交換します。

### (3) 着用状況のチェックとトレーニング

異動の多い職場では、新任者のために正しい使用法のトレーニングを行います。また、研修では保護具の有効性とともに、その限界も教えて、過信は禁物であることを理解させます。

異動の少ない職場では、保護具着用への取組みがマンネリ化しないよう、抜き打ちでチェックします。ルールを守らないのは特定の人であること

が多いようです。根気よく繰り返し徹底します。ただし、ルールが守れないのは個人の問題だけとは限りません。部下の意見に耳を傾け、設備上や作業環境上の問題が何かないかなど、リーダーとしては謙虚に反省することも必要です。

### (4) 非着用による災害事例を提示

保護具を着用しないとどんな災害が起こるか、説得力のある事例を示します。事例を示されて初めて納得する者もいます。

### (5) 保護具は「最後の砦」

まず機械設備の安全化、環境の改善を図り、そのような対策が困難な場合、保護具の力を借りるのが原則です。しかし、残念ながらこれらの対策が十分でなく、保護具に頼るケースが少なくありません。

設備の本質安全化、作業改善による危険の低減対策などはリーダーでしか実行できません。リーダーが骨身を惜しまず努力していることを見せなければ、作業員はルールを守りません。

### (6) 着用の姿は工場の鏡

服装をはじめとしてルールに沿った保護具の着用は、現場の安全衛生の水準を示し、工場における管理方針の徹底の程度、リーダーの躾の程度を表現します。

### 解説

労働安全衛生法は、事業者（リーダーはその役割を担います）に正しい保護具を用意し、正しく使用させ、正しく保持する責任を課しています。また、労働者にも罰則を設けてまで、保護具の装着について順守を強制しているのです。また保護具には、厚生労働省による規格やJISの規定があります。

澤田　弘道（ベルヒュード国際経営研究所）

表1　保護具使用上の留意事項

| No | 主な保護具（JIS） | 留意事項 |
|---|---|---|
| 1 | 服装・保護衣<br>（T8551） | 服装は、特別保護具という意識を持たない普通の服装でも、きちんと身に着けることによって、熱、飛散物などの有害物から身を守ってくれる。裾の巻き込まれや油汚れにも注意を払いたい。さらに、服装は現場の安全衛生の水準を端的に表現する |
| 2 | 保護メガネ<br>（T8142）<br>（T8146）<br>（T8147） | 遮光用と防じん用がある。遮光用は光源の種類と強さによって細かな基準があり、選択を間違えるとまったく効果がない。例えば、アーク溶接用とガス溶接用では共用はできない。防じん用は、固体飛散に対しては強度の強いもの、液の飛散に対してはゴーグル型など、飛散してくる物質により選定する |
| 3 | 玉栓（耳栓）<br>（T8161） | 長時間用いると痛みを生じるときもあり、各個人に合ったものを使用することが望ましい |
| 4 | 防じんマスク<br>（T8151） | 使い捨て式を使う場合は、隙間が出ないようにきっちり着用する。また、傷んだらすぐに交換する。防じんマスクは防毒マスクの代用にはならない。酸素欠乏危険場所で使用してはいけない |
| 5 | 防毒マスク<br>（T8152） | 発生ガスに合った吸収缶を使うこと。ガス濃度によってはすぐに寿命がくる。あらかじめガス濃度予測などによる寿命の見極めが必要である。保管中も劣化するので、有効期間を守ること。酸素欠乏危険場所で使用してはいけない |
| 6 | 安全靴<br>（T8101）<br>（T8117） | 重量作業用、静電防止用、感電防止用などの用途に合ったものを使用する。静電防止用では、靴下もそれに適したものを使用すること |
| 7 | 安全帯<br>（T8165） | 始業前点検を必ず義務づけること。それも2人1組で相互に注意することが望ましい。新人には着用訓練が必要である。綱は落下の際の衝撃を少なくするため、できるだけ短くする。また、バンドの背中の位置に着けるなどの注意が必要である |

（日本規格協会「労働安全衛生」より抜粋）

# 人づくり 15 指差呼称で安全を守る

**POINT** 事故が起きて、初めて安全のありがたさがわかる。指差呼称は、そもそも旧国鉄の運転手の安全動作から始まった、安全を守るための、作業直前の作業確認動作である。良いとわかっていても、いつの間にか消滅する。定着させるにはどうすればいいか？

## Q

　小石リーダーは、どうすれば現場操作で確認の徹底ができるか、頭を悩ませています。毎日、口を酸っぱくして具体的に注意していますが、勘違いやポカミスを絶滅できません。最近も間違い操作で、危うく大事故になるところでした。

## A

　この場合の有効な方法が「指差呼称」です。

### (1) 作業の要所でしっかりと確認する

　作業員が作業の要所で、自分の確認すべき対象を見つめ、しっかりと指差して大きな声で、例えば「旋盤、ワーク固定、よし！」と呼称して確認します。

### (2) 全員で定着させる

　全員で取り組んでためらい感を吹き飛ばし、積極的にやる習慣が身につくまで訓練します。次の手順を踏むといいでしょう。

　①指差呼称の意義とやり方の確認

　意　義：作業の要所で視覚と指差動作、発声、聴覚で意識を集中して確認する、誤りを起こさせない方法です。

　やり方：確認し、姿勢をよくし、はっきりと対象を指差し、腹に力を入れ、できるだけ大きな声できびきびと、「○○、よし！」と指差呼称します。

　②作業の要所の選定

　確認漏れをしやすい個所など、問題となる作業の要所を選びます。現場作業員とともに、全員で決めるのがいいでしょう。

　③代表者による手本の披露

　④各人による実施

　不十分な場合は、やり直させましょう。そうし

て、全員が自信を持ってできるまで、辛抱強く繰り返し訓練します。

　徹底するには工場長が毅然とした決意を示し、職場の総ぐるみで実施することです。声の大きな部下を実行リーダーに指名することもいいでしょう。定着後も、ときどきチェックを行います。

## 解説

### (1) 指差呼称の読み方

　職場により、指差呼称は"しさこしょう"、あるいは"ゆびさしこしょう"とも言われます。また、指差喚呼や指差称呼などとも呼ばれます。

### (2) 確認の必要性

　人は、思い込みや勘違いでミスを犯しやすい動物です。とりわけ慣れてくると、マンネリ化して確認がおろそかになります。作業員が自分の作業に着手する際、しっかり確認する動作が必要です。

### (3) 指差呼称の効果

　作業員1人ひとりが作業に臨んで、誤操作を防ぐためにする、よい確認動作です。頭の中の思考判断回路の誤作動を防ぎます。作業の直前に、視覚による確認だけでなく、指差す動作により目標に自分の意識を強く集中させ、さらに発声して、その声を聴覚で確認します。いくつもの神経回路を動員してしっかり確認します。

### (4) 指差呼称の信頼性

　ある統計によれば、単に目視するだけの確認に比べて、声を出して呼称すると誤りが半分になり、さらに、指差動作を加えて呼称すると、誤りは4分の1に減るとのデータがあります。

　もちろん、指差呼称だけで100％の信頼性とはなりません。指差呼称の推進とともに、安全の意識水準の向上を忘れてはいけません。

　　　　　井上　靖彦（技術士〈化学、総合技術監理〉）

# 人づくり 16 KYT(危険予知訓練)で無事故を目指す

**POINT** 配属される作業者の安全に対する対処能力はばらばらである。KYT は、職場ぐるみで作業者の安全に対する感受性を高め、職場にある作業の危険個所を予知して対処する能力を高める訓練である。緊急地震速報への対応も実施しておこう。

## Q

小石リーダーは、どうすれば人の異動が多い職場の、安全意識の水準を確保できるか、頭を悩ませています。毎日、新人にもぐらたたきのように、口を酸っぱくして気をつけることを具体的に注意していますが、意識レベルがそろっていないようで、勘違いやポカミスを絶滅できません。最近も考えられないような間違い操作があり、危うく大事故が発生するところでした。

## A

この場合の有効な方法が、KYT（危険予知訓練）です。人は経歴により危険を感じるレベルが違いますが、KYT を受けると、職場の作業に潜んでいる危険個所によく気づくようになります。

### (1) 職場のグループの結成

1 グループ 5〜6 人でリーダーを決め、小集団の全員で訓練を進めます。作業をわかりやすくイラストに描いて、それについて、4 つのラウンドで実施します（表1）。

### (2) 第1ラウンド：現状把握（危険の特定）

イラストのどこに危険が潜んでいるかをメンバーで論じます。発言しやすい雰囲気をつくり、どんどん発言を引き出します。具体的に「○○なので、××となる」と7項目は欲しいところです。

### (3) 第2ラウンド：本質追及（危険のポイント）

第1ラウンドの中から、危険の要因となるものを選んで○印をつけます。さらにその中で、特に本質となる危険性の要因を2つ選んで◎印をつけます。

### (4) 第3ラウンド：対策樹立（どうする？）

危険に対する考え方が深まり、危険を回避するための対策案を引き出します。

### (5) 第4ラウンド：絞り込み（こうする）

グループで実施する行動を絞り込みます。安全確保のためには、絞り込まれない項目の中も必要な場合があります。その場合は、次回に別途確認します。

## 解説

①最初は時間がかかる

即効を狙わないで、長期計画で続けましょう。最初は1個のイラストにつき、4ラウンドで30分程度かかる場合があります。やがて危険に対する感受性のレベルが上がり、5分以内で済むようになります。

②毎日続けると効果が大幅に向上

毎日5分間、行動災害の危険予知を唱和する職場があります。ほかにも毎日の作業開始会合の際に、職場の代表的な作業のイラスト集を使い、危険個所を網羅的に毎日1件ずつ日めくりでKYTをする例なども見られます。いろいろと工夫して実践しましょう。

③KYT が定着

作業に臨んで実践するKYK（危険予知活動）に入ります。1人KY（1人危険予知）が基本です。

④緊急地震速報への対応

震度5以上の地震については、メディアから速報がなされます。とっさの動作が明暗を分けますので、KYTをしておくと劇的な効果を上げることになります。

⑤リスクアセスメントへの展開

KYT は、科学的安全手法とされるリスクアセスメントにつながります。

井上　靖彦（技術士〈化学、総合技術監理〉）

### 表1 KYT(危険予知訓練)記録モデル

| No | | 作業名 | ブリキ裁断作業 | 日付 　　. 　　. |
|---|---|---|---|---|
| 班名 | | 班　員 | | 場所 |

金切りバサミでブリキを裁断しています

第1ラウンド（どんな危険が潜んでいるか）
第2ラウンド（これが危険のポイントだ）

| | No 　危険要因と事故の型を想定して、（～なので、～になる）というように書く |
|---|---|
| ○◎ | 1. ブリキ板は端が鋭利なので、素手でつかんだ左手を切る |
| ○◎ | 2. 切り口が鋭く曲がってくるので、金切りバサミを持った右手を切る |
| ○ | 3. 切る力で踏ん張ったとき、椅子がガタついて腰を痛める |
| ○ | 4. ブリキ板が風にあおられて顔に当たる |
| ○ | 5. 切り終わったとき、抵抗がなくなるため金切りバサミで右手を挟む |
| ○ | 6. 切り終わったとき、切れ端が飛んで顔に当たる |
| ○ | 7. 切り終わったとき、切れ端が落下して足に刺さる |

第3ラウンド（あなたならどうする）
第4ラウンド（私たちはこうする）

| ◎No | ＊ | 具　体　策 | コメント |
|---|---|---|---|
| 1 | ＊ | 左手に軍手をはめる | |
| | | 保護布を被せてつかむ（直接つかまない） | |
| | | 角に手を当てないよう、指先に力を入れる | |
| | | | |
| 2 | ＊ | 右手に軍手をはめる | |
| | | 切り端が尖って危険なときは、補助者をつける | |
| | | | |
| チーム行動目標 | | ブリキを切るときは軍手をはめよう、ヨシ！ | |

**POINT** 外見上、身体的には異常がない人が突然ふさぎ込んだり、出勤しなくなったりするケースがある。今、メンタルヘルス（心の健康）が強く叫ばれている。監督者は現場でどのように対処したらよいか。

## Q

　小石リーダーは最近、部下の中にどうも仕事に身が入らないような者がいることに気がついています。体のどこにも異常がないように見受けられますが、発言どころかあいさつも満足にできないようです。メンタルヘルスという言葉をよく聞きますが、基本的な知識を得たいと思っています。

## A

　心の健康は身体の健康を伴って成り立ちますが、最近、身体の健康だけでは必ずしも心の健康を保てない場合が多くなっています。現代社会のストレスに対して不適応を起こす人々が増えており、快適な職場を検討する場合、メンタルヘルスが重要な視点になります。

### (1) 温かく対応できる人間関係を構築する

　人間関係の複雑化、希薄化が原因で、職場に適応できないことがあります。上司はわずかなことでも相談に乗り、相手次第では個人的な内容まで入り込みます。上司と同僚でどちらの人間関係が崩れた方が、メンタルヘルスに悪い影響があるかを調べたところ、意外にも上司よりは同僚との人間関係が崩れた方が深刻であったという報告があります。周囲の同僚からの助けも必要です。不調のサインを初期の段階で知ることが重要ですが、それには人間関係がベースとなります（図1）。

### (2) 技術的な援助を行う

　技術的なギャップが大きくて対応できないことがあります。基本から地道に教育します。焦ってはいけません。特別の場合と覚悟を決めます。

### (3) リフレッシュ施設を整備する

　シャワー室、更衣室、休憩室、食堂などのリフレッシュ施設を清潔、快適にすることは、ストレス対策上重要です。こうした施設はどの職場でも不可欠で必須なものですから、その良否が「職場の顔」として機能します。ただし、清潔ということと豪華ということは違います（イラスト1）。

### (4) 行き過ぎた成果主義を持ち込まない

　本人の実力を超えた成果目標やノルマを設定し、社員を納得させていない場合は、ストレスが高くなります。

### (5) 専門医の診断を仰ぐ

　責任感の強い上司は、往々にして単独で対応しようとしますが、対処が遅れると回復に予想外の日時がかかります。初期の段階で専門医の診断を仰ぐなどの措置が必要です。

### 解説

　近年のIT技術の進展や労働人口の高齢化、女子労働者の増加による就業構造の変化に伴って、職場の労働環境、作業の様子が大きく変化しています。一方でバブル崩壊以降、企業業績の低迷に伴う人員削減など、企業組織の合理化が進んでいます。

　こうした中で、従来の年功序列型人事制度が崩壊し、実力主義型人事制度の導入が進んでいます。このような人事・労務管理の変化がもたらす不安や混乱が、職場で働く多くの人たちに対して、労働に付随する疲労やストレスを感じさせる割合を激増させ、メンタルヘルスに悪影響を与えています。したがって、すべての労働者にとって今ほど、労働に伴う疲労やストレスを感じることが少ない快適な職場環境を形成していくことが強く求められている時代はありません。

　　　　　澤田　弘道（ベルヒュード国際経営研究所）

---

**図1　メンタルヘルス不調のサイン**

○遅刻、早退が増える→突然休む→無断欠勤をする
○ミスや事故が増え、残業や休日出勤が極端に増える
○表情に活気がなく、不自然な行動が多くなる、または必要以上に明るい
○普段きっちりした人なのに、衣服が乱れたり、不潔になる

これらのサインが複数見られたら…
怒鳴らない・励まさない・気晴らしに誘わない（少しだけ声かけする程度にしておく）

**イラスト1　清潔で快適な食事場所を確保し、楽しい団らんを演出してストレスを緩和する**

# 営業の仕事を知ろう

**POINT** 品質が優れているだけでは、モノは売れない。マーケティング部門や営業部門の力が加わり、総合力でモノは売れる。製造部門は、営業部門が誇りと自信を持ってお客様に勧められる商品やトラブルの少ない商品づくりと、トラブルへの対応に努めよう。

## Q

小石リーダーは、自分たちがつくる製品を販売している「営業」はどんなことをしており、自分たちの仕事との関係はどうなのかを理解すれば、自分たちはもっと優れた仕事ができるようになり、バックアップできることも増えるはずだとの思いが強くなってきました。

## A

「商品の3要素」という古くからの言葉があります。今は①品質、②価格、③納期、④環境配慮設計という「商品の4要素」です。しかし、この4つが優れてさえいれば商品が売れるほど、世の中簡単ではありません。営業部門やマーケティング部門の力が加わってこそ売れるのです。

### (1) 営業部門はどんなことをしているのか

①顧客との関係維持

顧客として、いつまでも買ってくれるように、満足してもらえるように対応します。

②新規顧客の開拓

既存や新規の商品について説明します。顧客の納得を目指します。「買った場合、どんなに便利になるのか、楽しくなるのか」のイメージを顧客が描き始めると納得し、受注が間近となります。新規開拓はシェアの拡大であり、非常に重要です。

③顧客のトラブル対応

品質や納期でのクレームに際しては、一番に顧客のところに飛んで行きます。また、競合他社が半値で価格攻勢を仕掛けてきたら、顧客のところへ飛んで行って状況を把握し、対応します。

④売上目標金額と利益目標の達成

目標の必達が、かなりのプレッシャーです。

### (2) 営業担当者が喜ぶときとは

顧客がわが社のことで満足してくれるときです。

①確実な納期

お客様「お宅は納期が確かだから助かるよ」。

②高い品質

お客様「品質トラブルが激減したね」。

③迅速なトラブル対応

お客様「この前のトラブルでは生産が停まり、私は針のむしろ。だけどお宅からたくさん来てくれて徹夜で取り組み、朝には解決。助かった」。

④新製品拡販の成功

お客様「今度の新製品はうちの開発部に評判がいいよ。お宅に発注できそうだね」。

⑤トラブル時の社内のバックアップ

営業担当者は、顧客での重大トラブルの報を受けてすぐに訪問し、生産ラインが停まった状況を製造部門に電話しました。製造部門は「大変だ！すぐに関係者と検討して対応案を電話するよ」。

### (3) 営業担当者が悲しむとき

営業担当者は、顧客での重大なトラブル発生を製造部門に電話しました。製造部門は「こんな時間に言われてもムリ。部長も帰宅した。そのくらい、当社のレベルでは仕方がない。騒がずに売るのが営業だろ？　来月の品質会議に出しておくから」。バックアップが得られず、顧客の維持に重大な危機を迎えてしまいます。

### 解説

モノの売り買いは、会社と会社。しかし、営業現場での実態は「ヒトとヒト」です。顧客の担当者が、営業担当者を「人間として信じられるか」が鍵となります。製造部門が営業部門の仕事を理解すると、強力なバックアップとなります。

岩佐　昌哉（アイビーシー有限会社）

## 人づくり 19 顧客のことを知ろう

**POINT** 浮気せずにいつも購入してくれるお客様、それこそが顧客である。新規のお客様を開拓し、顧客にまで高めて顧客離れを防ぐことは、営業部門のみならず製造部門にも共通した願いである。そのような顧客のおかげで、日々仕事と生活を楽しむことができる。

## Q

小石リーダーは、日々つくっている商品がどこに供給され、使用されているのか、また「顧客」がどう思っているのか、気になり始めました。

新聞で超大企業、超老舗会社の破綻を見てきました。企業存続の保証がない中で生き残りを目指し、顧客に対応すべきだと頭では思ってきました。しかし「顧客とは何か？」について、今まであまり具体的に考えたことがありません（図1）。

## A

### ⑴ 顧客が安定しているとどうなるか

①顧客が次々に発注してくれる

②どんどん製造し、どんどん納入できる

③会社の売上げも利益も上がる

④あなたの給料も残業代も上がる

⑤あなたは仕事と、個人の生活を楽しめる

良好な状態がいつまでも続くように、顧客に貢献し続ける意識と行動、その習慣化が重要です。

### ⑵ 顧客が安定していないとどうなるか

①顧客が次々に離れていき、受注が減る

②製造量が減り、工場敷地の草抜きをする

③会社の売上げも利益も下がる

④あなたの給料も残業代も下がる

⑤あなたの仕事が減り、生活が苦しくなる

会社が存続するためには、顧客をいかにつくり続け、かつ維持するかが重要です。自分がどう関わり、どんな役割を果たすべきかを考えましょう。

### ⑶ 顧客を失うのはどういうときか

①顧客が商品に満足しなくなったとき

②顧客の求める商品を開発できないとき

③顧客での商品トラブルへ対応できないとき、しないとき

④顧客との人間トラブルが解決できないとき

製造部門のあなたが持てる技術を活かし、敏速な対応で支えなくてはなりません。

### ⑷ 顧客が維持できるときは

前条の「顧客を失うとき」の裏返しです。顧客が満足する商品を提供し続けます。また、トラブル時には全社を挙げた本気の対応をするという考えを、日頃から築いていくことです。その風土づくりのためには、経営層の感覚と役割が大事です。

### ⑸ 顧客を維持するために製造部門は何を

営業担当者を支えること。信頼性の高い、トラブルの少ない商品づくりに取り組むこと。トラブルが起これば真剣に取り組むこと。顧客は、取り組んでいる「あなたの背中」を見ています。そして、また注文を出すか決めています。

### ⑹ アフターサービスはなぜ大事か

家庭人としてモノを買う際もアフターサービスは重視されます。部品をそろえ、現場に飛んで考える人をそろえ、原因の究明、対策、商品の改良へ役立てて、利益を上げましょう。

### ⑺ 会社の利益はどこから得られるのか

利益はスポット客からではなく、顧客からしか得られません。「ちょっと高いが、真剣に取り組んでくれる、今後も貢献してくれるだろう」と顧客に思われ続けるための努力をすべきです。

### 解説

「顧客を維持し、増やすこと」以上に大事な課題は、メーカーにとってありません。顧客があってあなたの給料は毎月出ます。顧客のことを思い続けることです。また、トラブル時に全力を挙げて取り組めば、後々プラスに転じます。営業担当者との連携や感情の共有も大事にしましょう。

岩佐　昌哉（アイビーシー有限会社）

### 図1　顧客のことを知ろう

顧客のことを知ろう。そしてわが社との関係を知ろう。さらに自分との関係を知ろう。

【質問】 ⇒【会社にとってどうなるか】 ⇒【あなたにとってどうなるか】

(1) 顧客が安定しているとどうなるか？
①受注が続く
②製造が続く
③売上げ・利益が上がる
④給料が上がる
あなたは仕事を楽しみ、家族とともに人生を楽しむ

(2) 顧客が安定していないとどうなるか？
①受注が減る
②製造が減る
③売上げ・利益が下がる
④給料が下がる
あなたは仕事を楽しめず、家族とともに人生を楽しめない

(3) 顧客を失うのはどういうときか？
①商品に対する満足が×
②新商品の開発が×
③トラブル対応が×
④人間的な対応が×

(4) 顧客が維持できるときは？
①商品に対する満足が○
②新商品の開発が○
③トラブル対応が○
④人間的な対応が○
あなたは仕事を楽しみ、家族とともに人生を楽しむ

(5) 顧客を維持するために製造部門は何をするか？
①営業部門を支える
②良い商品への取組み
③苦情の少ない商品
④迅速なトラブル対応

(6) アフターサービスはなぜ大事か？
①購入後も安心
②部品と人をそろえる
③商品改良のヒント
④利益を上げる

(7) 会社の利益はどこから得られるのか？
①顧客から得られる
②高いけれども購入
③過去の貢献の賜物
④将来への期待の賜物

# 顧客からの苦情にどう対応するか

> **POINT** せっかくの顧客を失うのか？　あるいは、この苦情への対応をきっかけにもっと絆が深まるのか？　天国と地獄の別れ道である。顧客の困窮と悩みを推定し、共有し、敏速に的確に対応することが製造部門に求められている。災い転じて福となすことが大事だ。

## Q

小石リーダーは、営業を通じて入る顧客からの苦情に頭を悩ませています。社内での不良率は下がっていますが、外部からの苦情が増えています。また、以前は苦情とはされなかったことが苦情となり、しかも即座の対応を求められています。苦情への対応に戸惑い、悩んでいます。

## A

苦情はメーカーにとって最高の重要情報と捉え、顧客が「どの点を不満足に思っているのか、さらにその先の顧客の不満をどう推定しているのか？」を感じることが大事です。

### (1) 顧客の先にどのような顧客がいるか

携帯電話のカバーを製造しています。塗装に小さな斑点が出ます。また、別メーカーがつくる本体と色の違いが出ます。わが社の顧客の先にはさらに顧客がおり、その先には消費者がいます。

「この程度の塗装キズや色ムラなんて、携帯電話として使うのに問題ない」と片づけてはいけません。組立メーカーである顧客や消費者がどう思うかも感じなければなりません。その感覚は時代とともに変わり、競合他社がもっと完璧なものを出していくという状況の変化にも対応しましょう。

### (2) 苦情で顧客はどんな具合に困るのか

あなたの顧客がどんな具合に困るのか、という現象を理解し、感情で共有しましょう。

①納期遅れ

わが社の苦情発生で顧客は出荷ができません。

②いつ対策できるかの見通し不能

わが社が示さない限り、顧客はその先に対して納期を言えません。暫定策を早く示します。

③再発の可能性

再発を防ぐ恒久策を探り、報告書をまとめ、顧客の幹部への報告会を実施します。わが社から幹部、営業、品質管理、製造など関係者が、真剣におわびと説明を行います。顧客に再発への疑念をなくしてもらう努力が大事です。

### (3) 苦情にどう対応するか

自分の後工程にいる顧客の満足なくしては、会社や自分の将来がないと自覚することです。

①顧客の深刻な困惑を感じ取る

感情で共有しましょう。納入された部品のトラブルで自分が困ったときを思い出しましょう。

②とりあえずの暫定策

例えば、折れたボルトの暫定策として、「材質を良くした」代替品でとりあえず対応します。

③スピードを重視

暫定策は顧客のライン復帰を急務とします。

④この程度のことで苦情かという思いを捨てる

こんな時刻に、と思うのをやめましょう。トラブルの発生にスケジュールはありません。

⑤真の原因と恒久対策

先の例で、ボルトに異常な力がなぜ発生したか、という真因に基づく対策がないと再発します。

⑥苦情解決は顧客との強い絆につながる

明るい希望を持って対応しましょう。顧客は、トラブルに取り組む社員の背中を見ています。競合他社に勝ち抜くチャンスと捉えましょう。

### 解説

メーカーにとって苦情は付きものです。苦情はマイナスイメージですが、プラスに転じる、顧客の信頼を得る好機と考えましょう。苦情に対応する社員の心、意識や態度が大事です。となると、その会社の体質＝風土が大事です。

岩佐　昌哉（アイビーシー有限会社）

# 現場用語の基礎知識

**POINT** モノづくり、特にカイゼン活動を行うに際していろいろな現場用語がある。3つとか5つとかにまとめ、語呂を良くしたものが多い。これらを整理して覚えておくだけでも、モノづくりの基本原則を理解することができる。

## Q

　小石リーダーは、モノづくりの基本原則のようなものがないか、知りたくなりました。そこで上司に聞くと、「生産工学（IE）とか品質管理（QC）とかいろいろあるよ」と教えてくれたのですが、書店でちょっと立ち読みするだけでも目が回りそうな難しさです。もっとやさしいものはないのかと、探しています。

## A

　実は、身近なところにあります。
　表1に示すように、現場管理の基本となる視点や考え方、指針、切り口となる用語がいくつかあります。いずれも3～5個くらいに整理され、覚えやすく工夫されています。

○ 5S は、言うまでもなく基本中の基本です（56～61ページ参照）。

○ QC7つ道具は、品質管理を行う上で必要な手法を、現場で使いやすくまとめたものです。

○ 3現主義はモノの観察、原因追及をするときなどに、現場の生の情報や状態を無視して、会議室で頭だけで議論することは無意味だとする考え方です。

○ 3原主義は、原因追及や問題解決を図ろうとして壁にぶつかったとき、原点に帰ってみようという考え方です。もともと何のためにこの作業をしているのか、なぜこの加工が必要なのか、そうした原点に戻って考えれば、解決の糸口が見つかるという意味です。

○ 5W1H も、問題解決を探る際の指針です。「いつ、どこで、誰が、何を、なぜやったのか、どうやったのか」という意味です。原因究明だけでなく、計画をつくったときにも5W1H

を明確に示すことが大事です。

○ ムダ・ムラ・ムリは、生産が異常状態であるときの3大要素です。TQC では「ダラリの法則」と言い、3ムとも言います。現場から3ムをなくすことが生産を安定化させる道です。

○ 3ムのうちムダについて、トヨタでは7つのムダに分け、各視点からムダを徹底的になくすことを目指しています。特に在庫や仕掛品のムダは、つくり過ぎたために起きたムダで最も注意が必要です（48ページ参照）。

○ 最近、見える化ということがよく言われます。見えていないためにきちんと管理されていない対象を、見えるようにすることです。例えば棚に表示をして見えるようにする、作業の仕方を標準化して見えるようにする、などいろいろな「…化」が考えられます。改善活動における1つの視点です。

### 解説

　例えば「5S」は、モノづくり現場にとって基本的に大切なことですが、学問ではありません。しかし、多くの学者やコンサルタントが体系化、総合化に取り組み、現在では1つの実践体系として完成されています。
　一方「統計的品質管理」は、統計学や確率論などの厳密な学問をベースにした管理技法ですが、難解で現場向きではありません。そこでそのエッセンスだけを、しかも実用的な手法としてまとめたのが「QC7つ道具」です。
　このように、表に掲げたものはすべて専門の学者、コンサルタント、現場の作業員が、それぞれの経験を通して絞り出したものですからモノづくりの知恵が詰まっていると言えましょう。

　　　　　島　雄（島コンサルティングサービス）

表1　モノづくり現場の基礎用語

| | 名　称 | 1 | 2 | 3 | 4 | 5 | 6 | 7 | 8 | 活用 |
|---|---|---|---|---|---|---|---|---|---|---|
| 1 | 5S | 整理 | 整頓 | 清掃 | 清潔 | 躾 | | | | 現場・情報 |
| 2 | 3ム（ダラリの法則） | ムダ | ムラ | ムリ | | | | | | 現場 |
| 3 | 5W1H | When | Where | Who | What | Why | How | | | 情報・管理 |
| 4 | 3現主義 | 現場 | 現物 | 現実（現象） | | | | | | 原因系 |
| 5 | 3原主義 | 原理 | 原則 | 原点 | | | | | | 方針・手段 |
| 6 | 7つのムダ | つくり過ぎ | 加工 | 動作 | 不良 | 運搬 | 在庫 | 手待ち | | 管理 |
| 7 | 8つのムダ（某工場の例） | つくり過ぎ | 稼働 | 人の動き | 不良 | 手直し | 管理 | 手待ち | 立上がり | 現場・管理 |
| 8 | QC7つ道具 | パレート図 | ヒストグラム | 管理図 | 散布図 | 特性要因図 | チェックシート | グラフ | | 品質・管理 |
| 9 | 新QC7つ道具 | 連関図法 | 親和図法 | 系統図法 | マトリックス図法 | アローダイヤグラム | PDPC | マトリックスデータ解析法 | | 品質・管理 |
| 10 | PDCA | Plan | Do | Check | Act | | | | | 管理 |
| 11 | メイカイエンのホウレンソウ | 命令 | 解説 | 援助 | 報告 | 連絡 | 相談 | | | 組織 |
| 12 | トヨタ生産方式 | かんばん方式 | ジャスト・イン・タイム | 混流生産 | 段取り替え短縮 | 仕掛品管理 | ポカヨケ | 自働化 | 源流管理 | 現場 |
| 13 | 可能化 | 見える化 | できる化 | 読める化 | やれる化 | | | | | 現場・情報 |
| 14 | 容易化 | 見えやすい化 | できやすい化 | 読みやすい化 | やりやすい化 | | | | | 現場・情報 |
| 15 | ハインリッヒの法則 | 300 | 29 | 1 | | | | | | 安全 |

# 7つのムダに着目しよう

**POINT** どんな生産活動も、原材料に何らかの加工をし、製品にし、顧客に届けることから成り立っている。この場合、加工をして付加価値をつける作業以外は、すべて「ムダ」な作業と見なすのが改善の第一歩である。ムダだらけの世界は宝の山とも言える。

## Q

小石リーダーは、例えば鋼板を切り出す場合、どんな板取りをすれば最も歩留りがよいか、必ず考えています。いわゆる切りくず、つまりムダを最小限にするためです。しかし、ほかにもムダがありそうです。どんなムダがあるのでしょうか。

## A

### (1) 埋もれたムダを見逃すな

例えば職場に、失敗した加工品とか検査でアウトになったものは置いてありませんか。これらは、明らかにムダとわかります。しかし、少し見ただけではムダとわからないものもあります。

例えば、作業現場に仕掛品（半製品）の山はありませんか。原料倉庫には、使うと思って買った原材料や部品が棚ざらしになっていませんか。製品倉庫には、売れると思って見込生産した製品が眠っていませんか。これらは、ただ現場や倉庫に積まれているだけで、何の付加価値もつけていないムダなのです。

そのほか、使っていない機械、熟練者なら10分で済むのを30分もかかっている作業など、いろいろなムダが工場の中に埋もれています。

### (2) 見逃しやすい「可動ロス」

一番見逃しやすいムダは、機械を最高能力以下で動かしているムダです。一見、機械が動いているのでムダが生じていないように思いますが、最高能力なら10分でできるところを20分かかっていれば、やはりムダを生じていることになります（これを可動ロスという。68ページ参照）。

### (3) 現場にムダはまだまだある

運搬作業は、どうしても必要な作業ですから、ムダには見えません。しかし、それで付加価値をつけているわけではありませんから、やはりムダには違いないのです。少しでも運搬する距離を短くするなど、運搬のムダを減らしましょう。

仕掛りのムダも同様です。加工段階がいくつかあるとき、機械と機械との間に仕掛品が生じます。次工程では必ず加工しますから、これもムダには思えませんが、床に転がっている間に付加価値がつくわけではないので、やはりムダなのです。

これらのムダを一般には7つに分け、「7つのムダ」と称しています（表1）。それぞれの視点で、工場のムダを見直しましょう。

## 解説

付加価値とは何か。モノづくりでは、ある材料に加工などをして新しい価値をつけ、商品にします。その新しい価値を付加価値と呼び、これが商品価格を決めるもとにもなっています。

「付加価値をつけないモノ、時間、作業はすべてムダ」という考えで職場を見直せば、7つのムダ以外にもムダが見つかるかもしれません。

表2は、ある工場が自分たちの職場を見て、8つのムダにまとめた例です。「立上がりのムダ」という1項目が加わっていますが、この職場では、新製品が次から次へと開発され、その「立上げ（試作から正常生産に入るまでの期間）」のためのムダが多いのに着目したのです。

また表2では、それぞれのムダをどのようなデータや観察によって見つけるか、さらに、その程度の大きさをどうやって定量化するかについても、まとめて示しています。自分たちの職場にどれくらいのムダがあるか定量的に知ることは、他社との競争力の比較や、改善の成果を把握していくためにも重要なことです。

島　雄（島コンサルティングサービス）

表1　7つのムダ

| 工　　程 | | 作　　業 | |
|---|---|---|---|
| 加工 | 加工のムダ | 停滞 | つくり過ぎのムダ |
| 検査 | 不良のムダ | 動作 | 動作のムダ |
| 運搬 | 運搬のムダ | アイドルタイム | 手待ちのムダ |
| 貯蔵 | 在庫のムダ | | |

表2　8つのムダ

| | ムダの種類 | ムダの視点 | 定量化のための主な分析手法 | 関連する生産管理指標 |
|---|---|---|---|---|
| ① | つくり過ぎのムダ | 製品在庫量<br>工程内仕掛量 | 工程分析<br>P-Q分析、流動数分析 | 製品在庫量・在庫日数<br>長期在庫量・仕掛品量 |
| ② | 設備稼働のムダ | 可動ロス | 稼働分析 | 切替ロス・チョコ停ロス<br>設備故障停止ロス　など |
| ③ | 人の動きのムダ | 探す・歩く・運ぶ・調べる・積み替える | ワークサンプリング<br>時間観測 | 労働生産性・能率<br>主体作業比率 |
| ④ | 不良をつくるムダ | 不良品発生量<br>歩留り・収率 | 稼働分析 | 不良率・収率・歩留り<br>主原料原単位 |
| ⑤ | 手直しのムダ | 不具合品発生量 | ワークサンプリング<br>時間観測 | 直行率・不具合率<br>不具合処理工数 |
| ⑥ | 管理のムダ | 目で見る管理のレベル・データ活用度 | 現場探検 | 管理工数 |
| ⑦ | 手待ちのムダ | 工程間の手待ち<br>機械と人の手待ち | 連合作業分析<br>タイムチャート<br>4Wチャート | ラインバランス率 |
| ⑧ | 立上がりのムダ | 工程の立上がり<br>新品種の立上がり | 稼働分析 | 立上げロス<br>新品種立上げ期間 |

# モノづくり 3 ロスを金額でつかむ

**POINT** ロスを明らかにするためには、各工程の原料歩留りなどの量だけではなく、金額をつかむことが必要である。このために、マテリアルフローチャートを使用してロスを分析することが有効である。

## Q

小石リーダーは、廃棄物の減少や省エネルギーなどに力を入れ、環境対策を進めると同時にロスを減らし、少しでも利益につなげるようにと、上司から指示されることが多くなってきました。ロスの量と金額をどのようにつかみ、何から手を着けたらよいか、便利な方法があれば知りたいと思っています。

## A

「ロスを明らかにする」ことは、製造の各工程で投入された材料のロスを重量でつかむと同時に、金額がいくらになるかもつかむことです。そうしないと、各工程でのロスの大きさの比較ができないからです。

図1に1つの例を示します。従来は、製造としては材料の歩留りに重点を置き、ロスを金額まで求めていない企業が多いようですが、製品コストを「正のコスト」、ロスコストを「負のコスト」として捉えることにより、ロスの数字がはっきりします。このために、次の手順でロスコストを求めるのがよいでしょう。

### (1) マテリアルフローチャートを作成する

図2に示すように、各工程のフローチャートを作成します。加工、組立工程の順にフローを描き、作業名、作業内容を記入し、その工程に投入される材料名、量および単価、金額を記入します。材料投入量に材料単価を掛けた金額が、投入コストです。

### (2) ロスマテリアルバランスを求める

各工程での材料の投入量から、製品に使われた量を引いたものがロス量です。あるいは、金属の切削工程などでは切削カスの量を測定し、ロスと

します。ロス量に材料単価を掛けた金額に、加工賃を加えた金額がロスコストです。

### (3) 材料コスト以外のロスコストを求める

材料コスト以外に、間接経費や電力、ガスなどのエネルギー費用を求めます。工程別に分割できないときは一括したロス価格とします。

### (4) 工程別にロスコストを整理する

工程別にロスコストを整理し、どの工程のロスコストが大きいかをわかるようにします。これらのデータを表1に示すフォーマットで整理します。

### (5) マテリアルフローチャートの利用方法

マテリアルフローチャートおよびフロー・コストのリストは、どの工程のロス金額が大きく、重点的に検討すべきかを判断するのに役立つものです。特に、環境対策としての廃棄物減少や省エネルギー活動で、何を行うのかを決める際に役に立ちます。

## 解説

マテリアルフローを使ったロスコストの分析は、MFCA（Material Flow Cost Accounting：マテリアルフローコスト会計）として開発されている手法の一部分で、企業規模を問わず各社で導入され、実績を上げてきたものです。

ロスコスト分析の活動は、1つの製造グループだけで行うのではなく、工場全体で、さらに材料供給業者を含めて行います。各製造のリーダーが何人か集まり、スタッフを入れて定期的に会議を持ち、進めるのがよいとされています。

表2に示すように開発初期、成長期、成熟期など製品の置かれている段階によって、対応するメンバーが変わります。例えば開発期の場合には、開発技術者をメンバーに入れることが必要です。

大石　哲夫（大石コンサルタント）

図1　マテリアルフローコスト

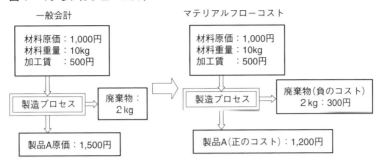

図2　マテリアルフローチャートのつくり方

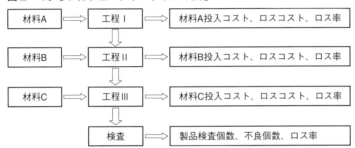

表1　マテリアルフローコストの総括リスト

|  | マテリアル | 間接経費 | 用役関連 | 廃棄物処理 | 計 |
|---|---|---|---|---|---|
| 良品コスト |  |  |  |  |  |
| ロスコスト |  |  |  |  |  |
| 計（投入コスト） |  |  |  |  |  |
| （ロス率） |  |  |  |  |  |

(単位千円)

表2　製品ごとのロスの特徴

| 開発初期製品 | 成長期製品 | 成熟期製品 |
|---|---|---|
| 製造技術が未確立のため、加工時の歩留りロスが多い | 技術開発が速いため、材料、仕掛品、製品の在庫が不良在庫化する | 多品種化、小ロット化が進み、切り替えのロス、移動のロス、エネルギーのロスが多くなる |

# 上手なポカヨケ

**POINT** 工程の中で良い品質をつくり込んでいくために、作業者のうっかりミスを防ぐ手立てを考えなければいけない。そのためには、その間違いの原因を見つけ、二度と同じミスは犯さないような仕組みや装置をつくることである。

## Q

小石リーダーは、チェックリストをつくるなどして、作業者のうっかりミスを少しでもなくすようにしていますが、それでも散発的にミスは起きています。これを取り除くため、「ポカヨケ」について勉強することにしました。

## A

人間は愚かなもので、ミスは付きものです。「ポカヨケ」は、作業現場で起こる作業ミスを防止する仕組みや装置などをつくることで、ポカをよける（回避する）ことです。

### (1) ミスの原因を調べる

ミスにもいろいろありますが、作業ミスである場合が大半です。まず、誰が、いつ、どのような状態で作業ミスを犯したのか調べます。

ミスをすると、どうしても上司に叱られるという思いがあるため、隠そうとするでしょう。そうではなく、どのような状態でミスが起きたのか、そのときの不具合を発見できるようにすることが大切です。そして、その不具合の原因を見つけ、誰が同じ作業をしても間違わない工夫をして、二度と同じミスを繰り返さないような仕組みをつくることが大切です。このために、「ポカヨケ」の考え方を応用し、

①作業ミスにより機械が動かない仕組みとする
②作業忘れがあれば次の工程が始まらない仕組みをつくる

などを講じるのです。

### (2) 改善提案制度を利用する

例えば改善提案制度を利用して、ポカミスの改善事例やポカミスの提案を、具体的に1人ひとりに書いてもらってはどうでしょうか。イラスト1の「具体例1」は、ある会社で操作パネルのスイッチを押し間違えてミスを起こした例です。この事例では、品種ごとに開口部の3カ所のスイッチ以外は操作できないように、マスクシートを取り付けました。当然、シートはマグネットシートとし、取替えが簡単で、取付けも定位置に決まるようにしています。「具体例2」は、誰もが知っているパンが焼き上がると自動的に取り出せるトースターです。自動化は、「ポカミス」防止に威力を発揮します。

### (3) 上手なポカヨケ

製造ミスによる不具合品は発見が難しく、クレームの一因となりやすい面があります。そこで、スイッチを押し間違えない工夫や、治工具を間違えても異品が取り付かない工夫、また取付けミスの際は機械が動かない工夫を施すなど、自分の工程の品質は自工程でつくる心構えで、「ポカヨケ」を上手に活用することが望まれます。

## 解説

①フールプルーフ（Fool Proof）：生産設備などで、利用者が誤った操作をしようとしても操作できないよう、設計段階で工夫を施しておくことです。例えば、カセットテープなどは入れ方を間違えると中に入りません。

②フェイルセーフ（Fail Safe）：故障や操作ミスが起きた際、最悪の事態が避けられる工夫を施しておく設計思想のことです。例えば、石油ストーブが転倒すると、自動的に火が消えるようになっています。ミスの発生によって大きな事故につながる恐れが想定される場合は、二重、三重に最悪の事態を避けるための工夫が現場でも必要です。

富田　康弘（TOMIT@環境コンサルタント）

イラスト1 「ポカヨケ」提案の様式例

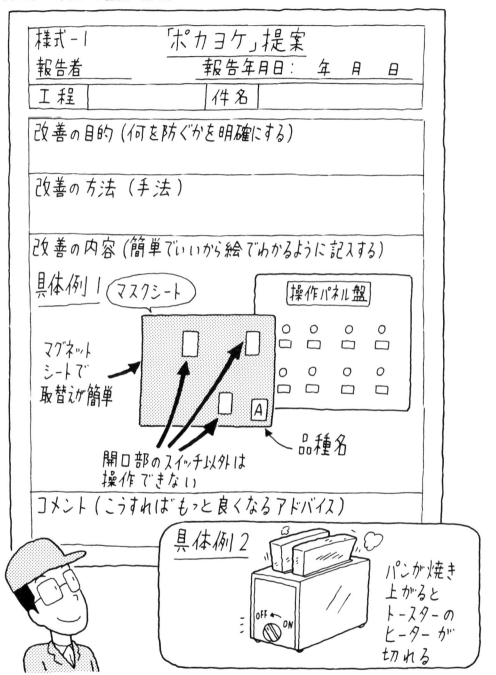

# 「見える化」は職場の基本

**POINT** 職場の中は多くの問題を抱えている。「問題がないのが問題」とも言われる。「見える化」は、このような日常茶飯事に起こる問題を見えるようにして、職場の全員がまず共有化し、そしてその原因を追及し、全員で着実な解決を図っていく取組みである。

## Q

　小石リーダーは、工場の方針で「見える化」を進める推進役を受け持っています。5S の推進から開始して、生産計画と実績の差がわかる「生産管理板」の設置、機械が異常で停まったときに知らせてくれる色分けされた「異常表示盤」（アンドン）などを設置してもらいましたが、これまでに比べてバタバタと忙しくなり、職場が良くなった感じがしません。

## A

　問題を整理すると、小石リーダーの職場では「見える化」の基本である 5S の推進や、**表 1** に示す「見える化」ツールの設置は行われていますが、本当の「見える化」まで至っていないようです。

**(1)「見える化」とは**
　①職場の困っている問題を、各種の「ツール」を使って顕在化し、職場の全員が共有化し、
　②その真の原因を追及し、
　③全員で着実な対策を実施し、
　④効果の確認・評価を行い、
　⑤歯止めと標準化を図る
これらのフローを「見える化」と呼びます。本当の「見える化」とは、職場の困っている問題を「見える化」することで、PDCA サイクルを回し、改善活動を行うことです（図 1）。

**(2)「見える化」の目的**
　各工程のムダやムラを見つけてなくし、不良品を後工程に送らないことやコストダウンを実現することが目的です。

**(3)「見える化」の改善活動**
　まず、何が問題かを見つけます。ここでは、「異常表示盤」（アンドン）での異常停止が多いと

のことで、この問題を取り上げることにしました。小石リーダーに、ここ 3 カ月間のライン停止データをパレート図にしてもらいました。

　その結果、「オーバーロード停止」が多いことがわかり、これが「ナゼ」多いのか、関係者を集めて真因を追及しました。ここでは特性要因図をつくるとか、「ナゼ」を 5 回繰り返すなどさまざまな手法を用います。真因がわかり対策が立てられたら、標準化して歯止めを図ります。

　「生産管理板」なども同じです。単に見えるようにして終わるのでなく、例えば「計画未達成」が問題であれば、原因は何であったかを追及し、PDCA を回して改善するようにすれば、本当の「見える化」が定着してバタバタ動き回らなくても良い職場に変わるでしょう。

## 解説

　グローバルな成長を遂げたトヨタでさえ、「見える化」については、2006 年の社長インタビューで次のようなメッセージが語られていました。
　――「成長のための足元固め」の意味するところは、成長の影に隠れた問題点を「見える化」し、それを共有化することで着実な解決を図っていくことです。

　私は問題や課題が多いことは、決して悪いことだとは思っていません。課題が多いということは、成長の余地が残っていると考えていますし、むしろ、問題や課題を発見できない会社になることに、危機感を持っています。

　同じことが現場監督者にも言えると思います。自職場の隠れた問題点を「見える化」すると同時に、見る目を養ってほしいと思います。

　　　　　　富田　康弘（TOMIT@環境コンサルタント）

表1 「見える化」のツール

| | | |
|---|---|---|
| ① | 生産管理板 | 生産状況を表す管理板で稼働状況がひと目でわかるように工夫する |
| ② | アンドン | 機械の異常などを作業管理者に伝える色分けされた異常表示盤 |
| ③ | かんばん | かんばん方式で利用し、現物と一緒に動いていく |
| ④ | 表示看板 | 部品、工具などの置き場表示や作業の注意喚起に使う |
| ⑤ | 品質情報板、目標管理板 | クレーム情報、工程内異常の分布（パレート図）、職場目標などを提供 |

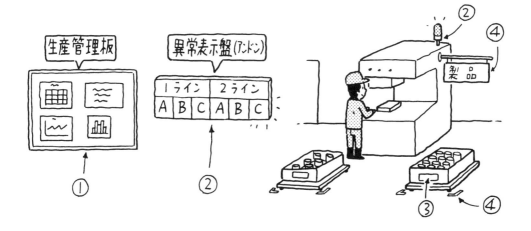

図1 「見える化」のPDCAサイクル

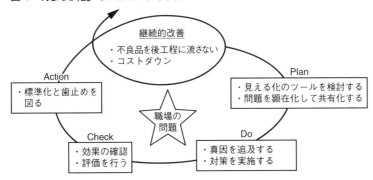

# モノづくり 6 整理とは不要なものを捨てること

**POINT** 5S（整理・整頓・清掃・清潔・躾）が生産性向上、品質管理、安全管理などあらゆる生産活動の基本であることは全員知りながら、事務所も現場も汚い。頭で言葉だけ知っていても、体で行動していないからだ。行動の5S、行動の整理・整頓とは何か。

## Q

小石リーダーは、どうすればもっと現場が片づくのか、頭を悩ませています。床には切りくずが散乱し、油がこぼれ、時には置き忘れた工具さえ転がっています。だから必要な工具を探しても、見つからないことが少なくありません。

5Sという言葉も知っていますし、もっと片づけるよう部下に呼びかけていますが、一向に現場はきれいになりません。

## A

「整理整頓」とひと口で言わずに、「整理」と「整頓」の2つに分けて考え、取り組みます。

### (1)整理とは要らないものを捨てること

「札付け」が有効です。定期的（例えば1カ月に1回）職場を巡回して、不要と思われるものに赤い札（荷札、エフ）をつけて行きます（イラスト1）。次回の巡回時に、赤い札をつけたものが確かに捨てられたかどうかをチェックします。

不要かどうか迷ったときは黄色札とし、例えば3カ月ほど様子を見てから、必要かどうかの判断をします。巡回の記録（時間、巡回者の氏名、札をつけたモノ、場所、処置の結果など）も必ずとっておきましょう。

対象は、現場にあるものすべてです。原材料、仕掛り、機械、部品、工具・治具、机や事務用品などです。ただし、明らかに現在の生産に必要な機械や原材料などは別です。

札は、ちぎれにくいものであれば、どんなものでも構いません。特に決まった形式はありませんが、少なくともつけた日付と巡回者の氏名だけは書いておきましょう。

### (2)整頓とは必要なものが必要な時にすぐ取り出せること

まず、置き場所を決めること、次に、その決めた場所を守ることです。そのためには、「目で見る管理」における定置表示が参考になります（イラスト2）。

あるべき場所を決めたら、次にそこに、はっきりした表示をします。表示のコツは、きれいに大きく書くことです。また、色別はものの置き場所明示に大変有効です。色はひと目で分類がわかるように、赤や黄など原色を使います。さらに、記号や絵文字、シンボルなども使って、誰にでもわかりやすいようにしましょう。

## 解説

5Sとか整理・整頓という言葉の意味を、漠然と理解するのでなく、「要らないものを捨てる」とか、「必要なものはいつでもすぐに取り出せる」というような、行動に結びつく理解をしなければなりません。

「捨てる」とひと口に言っても、もしかすると必要になるかもしれないとか、もったいないとか愛着があるなど抵抗感が伴います。しかし、そういうときでも、「何とかなる」という気持ちで捨てなければ思い切れません。

一方、不要でないものについても、今日（毎日）使うもの、明日（毎週）使うもの、来月（毎月）使うものという分類をして、保管するのがより優れた方法です。

保管場所に関しても、分類をすることが基本です。スーパーやコンビニの店頭を見習いましょう。どこに何があるか、ひと目でわかるようにいろいろな工夫が施されているはずです。

島　雄（島コンサルティングサービス）

イラスト1　整理とは要らないものを棄てること

イラスト2　整頓とは要るものがすぐ取り出せること

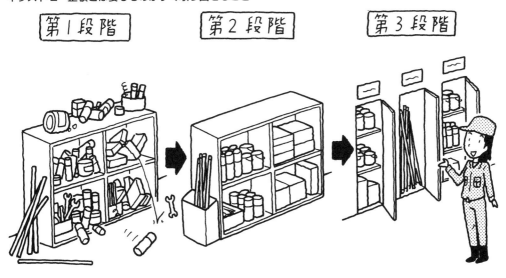

# 清掃とは機械の不備を発見すること

**POINT** 言葉で 5S とは何かを覚えても、行動につながらなければ意味がない。行動につながる 5S で、整理とは「不要なものを捨てること」、整頓とは「必要なものがいつでも取り出せること」だった。それでは、行動の清掃・清潔とは何か。

## Q

前項で、小石リーダーは行動につながる整理・整頓について学びました。そして、当然、その次に来る「清掃・清潔」についても知りたいと思っています。

## A

清掃・清潔についても、「清掃」と「清潔」に分けて考えましょう。

### (1) 清掃とは機械の不備を発見すること

「清掃とは、掃除することではないのか？」、あるいはまた、「機械の異常発見は、機械保全係の仕事ではないのか？」と意外に思われるかもしれません。確かに本来の意味では、清掃とは掃除をし、きれいにすることです。もちろん机の上や部屋の中、工場の床、休憩室をほうきや掃除機で掃除をし、ゴミやホコリを除くことが「清掃」の基本です。しかし、現場にあっては「機械」（設備、装置）の清掃が最も大切です。

「ホコリを被っている機械はないか？」「サビまみれの機械はないか？」に加え、時には機械の運転状況を示す大事な計器類までがホコリで見えにくくなっていることさえあります。それらを現場の作業員が自らウェスや雑巾で清掃し、磨きます。そうすることによって、今まで見えていなかった機械の隙間（ガタ）、ひび、腐食、ビスのゆるみなどが発見されるのです。ここまでやってこそ、「清掃」が徹底されたと言えます。

### (2) 清潔とは自ら機械や床を塗装すること

これも本来の意味は、「清掃してきれいになった状態を、そのまま維持すること」と定義づけられます。つまり、床や机や機械がいつもピカピカしていて、傷や異常が容易に見つかる状態を保つ

ことを言います。しかし、1 歩進んで考えてみましょう。機械や床は塗装してあるはずです。特に工場の床は、歩行区分や危険区域などの表示が施されているはずです。この塗装を自分たちでやるのです。もちろん、ある程度の専門技能が必要ですので、初めは職人さんに教えてもらいます。

定期的に、例えば連続運転の工場では定期修理などのために運転を停めたとき、非連続運転の工場では毎月、日を決めて終業後などに、自分たちでペンキのはげたところを塗りましょう。

ピカピカ工場の極として「お座敷工場」をつくり上げたところがあります。床を、自分の家のお座敷同様に靴下で歩いても汚れないまでに磨き上げ、おまけに整理・整頓をしてできた空間に、本当に畳み敷きの休憩用のお座敷を設けたのです。

## 解説

なぜ作業員たち自らが機械設備や床を清掃し、ピカピカ状態を保つのでしょうか。その目的は、言うまでもなく、自分の職場を自分の手で守るという意識を持つことにあります。

家に帰れば、それぞれ自分の家は、いつお客様が来ても恥ずかしくないように掃除しているでしょう。自分の職場は自分の家と考えれば、自分の手できれいにすることは当たり前のことです。

なぜ、5S をするかという質問もよくあります。
上記のように、設備異常を早期に発見することや、特に食品工場などでは雑菌や異物混入を防ぐ直接的な目的もありますが、「いつお客様に見ていただいてもいい職場をつくる」、また「働いていて気持ち良い職場にする」。これだけで十分なのではないでしょうか。

島　雄（島コンサルティングサービス）

# 躾とは 5S を仕事の一部とすること

**POINT** 行動の 5S とは何か。整理、整頓、清掃、清潔については、前項と前々項で定義を述べた。最後に「躾」とは何か。以上の 4 つを、通常の仕事の中にはめ込んで、当然なすべきこととして常に維持する活動のことである。

## Q

　行動につながる整理、整頓、清掃、清潔を学んだ小石リーダーは、実際に現場に呼びかけ、それなりの成果も出始めたところです。しかし、また元に戻りそうな雰囲気があります。どうすれば、この勢いを維持できるでしょうか。

## A

### (1) 5S はなぜ続かないのか

　5S 活動を始めた当初は必ず成果が出ますが、やがて疲れが出て元の木阿弥となります。この種の失敗は、次のことが原因です。

　①職制による形式的な号令

　最も多い失敗の原因です。号令だけでなく、どこをどうやって整理・整頓するのか、きちんと指示しましょう。

　②マンネリ化しやすい

　5S は、地味な仕事です。常にレベルアップを図る刺激や仕掛けが必要です。

　③熱心な職場や監督者が浮き上がる

　5S はやりたくないという職場を黙認するなど、例外をつくってはいけません。

　④性急に成果を求める

　少々のごまかしや、つまずきがあっても、長い目で見て進めましょう。

　⑤外部の力を利用しようとしない

　外部専門家の指導を得る方が効率的ですし、外部からの圧力も利用できます。

　⑥継続的なチェックを怠る

　5S の PDCA、特に C と A が不十分だと、一時的には成果が上がっても継続しません。

　⑦事務局（事務所）や職制が 5S を怠ける

　現場からの信頼を失うだけです。自らの足元から 5S を進めましょう。

### (2) 5S を継続させるには

　仕事と同様に、きちんとした PDCA サイクルを回すことが長続きさせる基本です。

　① P：方針を決める

　1 つの組織改革をやるくらいの気持ちで取り組むトップの決意が大事です。

　② P：目標を決める

　毎年の売上げ、生産量、利益などの目標を決めるのと同様に、5S の目標を示します。そのために段階標示を利用しましょう（表1）。

　③ D：実施

　任せっ放しではだめ。仕事と同様、指示し、叱るところは叱ります。

　④ C：進度をチェック

　定期巡回、段階標示、チェックシート、定点撮影などの手法を使います。

　⑤ A：アクションの実施

　目標をクリアしたときは表彰するなど大いにほめます。進まない場合は、ただ叱るのでなく、原因を冷静に考え、対策を立てます。

　⑥事務局の頑張り

　芝居での黒衣、宴会での幹事の役割に徹する事務局の頑張りが大きく影響します。一斉掃除時間や掃除週間、発表会や表彰、広報、ミーティングなどいろいろな仕掛けを考えましょう。

### 解説

　ひと口に言って、5S が継続しないのは余計なことという意識があり、仕事の一部に位置づけられていないからです。その意味では、「躾」という道徳的なにおいがする言葉より、同じ S ならば「仕事」と呼んだ方がよいでしょう。

　　　　　　島　雄（島コンサルティングサービス）

表1　5Sの段階表示

| 段階 | 状　況 | 次への課題 |
|---|---|---|
| 1 | 床にゴミ、工具、部材が散乱している。機械にはホコリがたまっている | 床の整理と清掃、機械の手入れ |
| 2 | 床には不要物がなく、清掃されているが、歩行区分がはっきりせず、棚は乱雑なまま | 通路の明示。棚の整理 |
| 3 | 通路が明示され、設備が清掃されているが、棚の整理が不十分である | 棚の完全な整理・整頓 |
| 4 | 作業場の区画が明示され、棚も整理されているが、表示類（どこに何があるか）が不完全 | 棚、置き場などの明示。工具、部品などを表示通りに整理 |
| 5 | 棚の表示も明確で、キチンと維持されており、いつ行っても整理・整頓が守られている | 汚染、乱雑の根本原因の一掃 |
| 5＋ | 汚れる根本原因がなくなり、工場全体がピカピカになっている | ピカピカ状態の維持 |

# ライン生産方式の長所と短所

**POINT** ライン生産方式は少品種多量生産に適したシステムであるが、顧客ニーズの多様化に応える小ロット生産に対しては、生産性の低下、在庫増大などの問題が生じやすい。この問題解決の1つの方法としてトヨタ生産システムが開発され、各社で導入されている。

## Q

　小石リーダーの職場の生産方式は、旋盤、ボール盤などを機械ごとに配置し、各機械の空き具合を見ながら、注文に応じて生産するやり方です。小石リーダーは、部品の組立品の注文がまとまって来たときに、その対応に困ることが多くなってきました。そこで、多量生産に向いているライン生産方式について知りたいと思っています。

## A

　ベルトコンベヤ式によるライン生産方式は、従来の製造業で一般的な生産方法であり、少品種多量生産に適しています。この方式では、ベルトコンベヤの流れの両脇に作業者や部品、工具などを配置して生産するもので、作業者の作業も限られた範囲になります（イラスト1）。

### (1) ライン生産方式の長所

　少品種多量生産のために開発された、ベルトコンベヤ生産の元祖であるフォード自動車の生産ラインにおける特徴は、製品の標準化、部品の規格化、製造工程の細分化にあります。これらの特徴は現在も引き継がれており、次のような長所があります。

①単品種または少品種の生産では生産のスピードアップが図れ、生産性が向上する

②部品の規格化、組立の標準化により作業の単純化が図れ、組立ミスを防止できて製品品質を安定化できる

③細分化により作業が単純化され、熟練工でなくても対応できる

④単純化された作業に対し、機械化や自動化がしやすくなり、ロボットなどの導入を行うことによって労務費が節減できる

### (2) ライン生産方式の短所

　ライン生産方式は、作業の単純化や顧客ニーズの多様化などにより、次のような短所が生まれてきています。

①製造工程が極端に単純化されたため、労働者は非人間的な労働を強いられがちである

②品質切替えのたびに、ラインの治具の取替えに時間と労力が費やされ、生産性が低下する

③品種切替えの回数を少なくしようとすると、原料、製品、仕掛品の在庫を増加させることにつながり、特に長期の在庫品が不良在庫となって大きな損失につながる

④製造ラインの構築のために、膨大な投資を必要とする

⑤新品種や新製品の製造のためには、技術スタッフによるライン改造の検討が必要になる

## 解説

　ライン生産方式の短所は上記の通りですが、これを改善し、多品種生産の場合でも生産性を落とさず、在庫ゼロを目標として開発されたのがトヨタ生産方式で、次の手法を採用します。

### (1) JITの導入

　図1に示した、生産指示によるJIT（ジャスト・イン・タイム）を導入します。これは「必要なものを、必要な時に、必要なだけ」つくることです。段取り替え時間を削減して生産の平準化を行い、小ロット生産でも高い生産性を保ちます。

### (2) 自働化の採用

　自働化を採用します。これは単なる「自動化」ではなく、ニンベンのついた「自働化」です。すなわち、機械が正常に働いている時は人は要らず、異常でストップしたときに人間が対応します。

大石　哲夫（大石コンサルタント）

イラスト1　ライン生産方式のイメージ

図1　JITシステムにおける生産指示方式

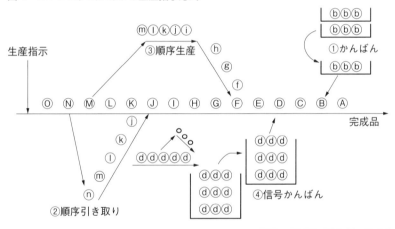

生産指示情報の種類と記号
Ⓐ、Ⓑ、Ⓒ…　：本体を表し、生産指示は最終組立ラインの先頭部分に出される。
①かんばん　：部品箱が空になると「かんばん」が外され、次の引き取りが発生する方式で、トヨタ生産方式の中で最も有名である。一般汎用部品ⓑに適用される
②順序引き取り：半製品ⓙ、ⓚ…に対して最終ラインの必要工程からサブラインの先頭に指示する
③順序生産　：生産期間の長い重要部品ⓙ、ⓚ…に適用される
④信号かんばん：ロット生産が必要な補助材ⓓに対して適用される

澤田善次郎編「生産管理論」日刊工業新聞社、p 199(1998)より引用

# セル生産方式の長所と短所

**POINT** セル生産方式とは、1人あるいは数人のチームで、最初から最後まで部品の加工と組立を行う生産方式であり、多品種少量生産に適したシステムである。このシステムをよりスムーズに稼働させるためには、多能工の育成が重要である。

## Q

小石リーダーは、顧客からの要望を受けた営業の人から、新品種の生産を依頼されることが多くなり、どのように生産工程の中にこれらの生産を組み込んでいくべきか困っています。そこで多品種生産に適したセル方式について知り、できれば検討していきたいと考えています。

## A

セル生産方式とは、1人あるいは数人のチームで、最初から最後まで部品の加工と組立を行う生産方式のことです。

従来のライン生産方式では、生産品種の切替えに時間を要し、またどこかの工程の生産性が低ければ、全体がそれに制約され、生産性が低下してしまいます。この問題を解決し、変種変量生産やタイムリーな製品供給に応えるために、このセル方式が提唱されています。

### (1) セル生産方式の長所

作業員の作業順序と使用部品を変えるだけで、生産品目を容易に変えることができ、また生産量の増減もセル数、人数の調整によって対応しやすく、次のような長所があります。

①作業者の能力向上により、生産性の向上を図ることができます。

②各セルに対して必要な部品のみを供給するので、仕掛品在庫を減少できます。

③一連の作業を1人または少人数のチームで受け持つので、問題点や改善点が見えやすく、改善提案を出しやすく、その効果も期待できます。

④セル数の調整により、突発注文や注文変更に対応できるので、製品在庫を減少することが

できます。

⑤作業者が一連の作業を受け持つので、品質保証に対する意識が向上します。

### (2) セル生産方式の短所

以上のように多品種生産に適した生産方式ですが、次に挙げる各点に注意することが必要です。

①作業者の受け持つ作業工程の範囲が広く、作業者の熟練度や能力によって作業効率が変化するため、教育によって全体の能力を向上させることが不可欠です。個々の作業員の生産性を業績評価に直接結びつけない方が、職場全体としての生産性が向上するという見方もあります。

②多能工として一連の工程の作業を習熟するのに、長期間の訓練が必要です。また、多能工としての広範囲なスキルが求められます。

③作業者の責任が明確である反面、作業者によっては精神的ストレスとなる場合があります。

## 解説

セル生産方式は図1に示すように、基本的には次の3種類に分類できます。これらの方式をうまく選択し、あるいは組み合わせることによって、生産性を上げることができます。

①1人方式：作業者1人で製品を完成させる方式で、多能工が必要です。

②分割方式：作業を数人で分担して完成させる方法で、高度な多能工は不要ですが、ライン生産方式と同じ問題が起こる場合があります。

③巡回方式：1人の作業者が巡回して組み立てる方式です。

図2に、コンベヤラインとセル方式の折衷型を示します。

大石　哲夫（大石コンサルタント）

図1　セル生産方式の分類

①1人方式　　　　　　②分割方式　　　　　　③巡回方式

図2　コンベヤラインとセル方式の折衷型

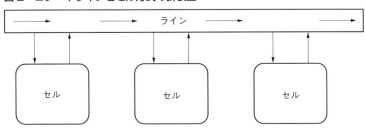

**POINT** 製品については生産のリードタイムを減少し、注文生産を進めて在庫ゼロ達成を図る。仕掛品については、各工程の平準化を行うことで在庫ゼロを目指す。多種類の材料や部品については、重要度に応じて A、B、C のランクに分類し、管理する。

## Q

小石リーダーは最近、製品や材料の置き場スペースが少なくなり、困っています。何とか整理しようと努力していますが、材料・部品の種類が多くなり、必要な部品の取り出しにも時間がかかるようになってきています。そこで、在庫削減の抜本的な対策をとりたいと考えています。

## A

在庫品には製品、仕掛品、材料があり、在庫の必要な理由と削減対策を**表1**に示します。

### (1) 製品在庫の削減

製品在庫削減については顧客とのネットワークを充実させ、的確な注文情報を得ることです。

高価格の製品については生産のリードタイムを減少させ、注文に応じて個別生産を行い、在庫ゼロにすることが基本です。中価格の製品については、注文に応じた小ロット生産を行います。低価格の即納品については、必要最少限度の在庫を持って対応します。また、生産量が多く定常的に出荷される製品には、ある程度のロット生産で対応します。

### (2) 仕掛品在庫の削減

各工程の平準化を行うことにより、在庫ゼロが達成できます。特に工程異常が生じた時には、工程間の仕掛品在庫が増加するため、一斉停止などの処置を講じます（76 ページ参照）。

### (3) 材料・部品在庫の削減

材料や部品は製品に比べて種類が多く、在庫のスペースも多く要しますので、製造現場ではこの在庫管理に重点を置くことが必要です。

一般的に資材発注には ABC 管理と呼ばれている、重要度による管理方法が採用されています。

図1に示すように、1 品目当たり使用金額の高いものから順にパレート図を作成し、品目数の割合で全体の 10 ％程度までを A グループ、次の 20 ％程度を B グループ、残りを C グループとします。

① A グループに対する管理

重要度の高い A グループに対しては定期的に発注する方式を採用し、製造担当で期間内の所要量を正確に把握して発注します。

② B グループに対する管理

中間的なグループに対しては通常は定量発注方式を採用し、部品在庫が安全在庫を下回ったときに、経済的最適量を発注します。図2に示すように、1 回当たりの調達費用を下げながら小刻みに発注し、在庫量を減少させます。

③ C グループに対する管理

この場合に適用される簡易管理方式には、2 ビン法があります。図3に示すように、1 つの品物に対して 2 つの容器（ビン）を用意します。図に示すように、A のビンから使用して A が空になったら発注し、その間は B を使用して、交互に空になったら発注する方式です。JIT システムで言う「かんばん」方式はこれに相当します。

### 解説

ABC 管理は、材料・部品について説明しましたが、製品についても適用できます。自動車メーカーのような、高額な最終組立製品については注文生産を徹底し、製品在庫をゼロにすることが求められます。一方で、XY 工業のように組立企業向けの部品を製作する場合は、製品についても ABC 管理を行い、A ランクは個別生産、B ランクは注文に応じた小ロット生産、C ランクの汎用部品については必要な在庫を確保します。

大石　哲夫（大石コンサルタント）

表1 在庫の種類と削減対策

| | 在庫が必要になる理由 | 在庫削減の考え方、方法 |
|---|---|---|
| 製品 | ・納期より生産期間が長い<br>・受注の変動や変更<br>・受注情報の遅れ | ・生産リードタイムの短縮、注文生産の徹底<br>・製品の種類の統合、小ロット生産<br>・情報ネットワークシステムの構築 |
| 仕掛品 | ・工程間のアンバランス<br>・工程の異常 | ・各工程の平準化、小ロット生産、セル生産<br>・情報ネットワークの構築、日程計画の充実<br>・自働化、あんどん |
| 材料 | ・購買の経済性<br>・発注情報の遅れ | ・ABC管理の適用<br>・かんばん、2ビン・システム |

図1 ABC管理の例

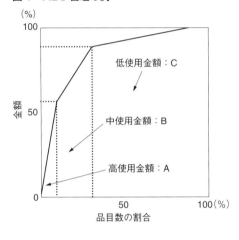

図3 2ビン方式の発注法

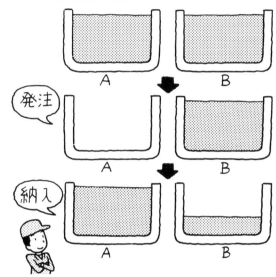

図2 定量発注における在庫量(発注量)の削減

Q:経済的最適発注量　　S:安全在庫量　　M:最大在庫量

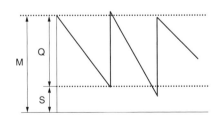

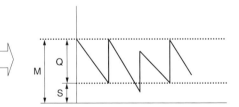

# 可動分析で職場の実態をつかむ

**POINT** 現場の実態を把握するIE(生産工学) 手法にはいろいろあるが、「連合可動分析」は連続工程の作業・時間分析に向いた手法である。「可動率(べきどうりつ)」の概念を学び、非連続工程の分析にも応用しよう。

## Q

小石リーダーは、生産現場の実態を科学的に測定し、問題点を定量的につかむ生産工学（IE）という学問があることを教えてもらいました。さっそく自分の職場に応用してみようと思いましたが、手法が数多くあって、どれが適切か迷っています。

## A

### (1) 連合可動(連合作業)分析とは

IEの代表例として、「連合可動(連合作業)分析」を説明します。「連合」というのは、機械と人とモノの動きを、同時に観察するという意味です。

ベルトコンベヤ方式で製品を順に加工したり、組み立てたりしていく工程に向いています。小石リーダーの職場のように、個々の機械が独立して動いている場合には、必ずしも有効とは言えませんが、「可動率(べきどうりつ)」という考え方はどのような場合にも広く応用可能です。

### (2) 現場データをとって可動率を解析する

①現場で、ストップウォッチを持って始業から終業まで、機械の動きやモノの動き、人の動きをそれぞれ1/100分（DM）単位で記録します。機械が停止した場合は、細かくその時間と理由を、不良品が出た場合も個数や原因などを記録します。

②このデータを持ち寄り、**表1**に示した考え方で「可動率」を計算します。朝の始業時間から夕方の終業時間までを就業時間とし、ここから「やむを得ない停止時間」を引きます。これを稼働時間と呼んでいます。

③一方、この設備のフルに発揮される能力を標準能力と言い、稼働時間と標準能力を掛けたものを標準出来高と言います。つまり、機械の能力をフルに発揮していれば、これだけできたはずだと

いう数字です。

④実際にできた良品の出来高を標準出来高で割ります。これが可動率です。100％から引いた残りは何らかのムダ時間であったことになります。

⑤ムダ時間の分析をします。ムダ時間（可動ロスと呼びます）には、表1にあるように準備や段取り替え、不良品発生など目に見えるロスがあり、これらは実測中に記録されています。しかし、記録したロス時間を合計しても可動ロスとは一致しません。その差は、機械が動いていてもフル能力ではなかったためのロスです。

⑥実際にある工場で測定した結果、朝の準備・段取りに相当の時間をかけていることがわかり、これを改善した結果、可動率がどんどん上がりました。その例を図1に示します。

⑦以上のように、機械が能力いっぱいにフルタイムで動き、製品のすべてが良品である場合を100％として、これに満たないロスはすべてムダと見なすのです。この考え方は、どんな工程にも応用できます。一般に可動率は80％以上が必要で、できれば90％以上が望まれます。

### 解説

IEは、生産現場の機械の動きや人の動き、モノの動きを観察し、データを取得して分析し、ムダを定量的につかむ学問です。古い歴史があるため、たくさんの手法が開発されています。

ストップウォッチを持って実態を測定する時間分析や、作業の中身を細かく観察してムダな作業を省く作業分析などが、よく使われる方法です。

いずれの方法も、やや専門的なやり方や計算が必要ですので、最初は専門家に指導してもらうのがよいでしょう。

島　雄(島コンサルティングサービス)

表1　稼働率と可動率の定義

| 就業時間（A） | やむを得ない停止時間 | 計画停止 | | |
| | | 工事 | | |
| | | 朝礼 | | |
| | | 食事 | | |
| | | 決められた休憩 | | |
| | | その他 | | |
| | 稼働時間（G） | 可動ロス（N） | 目に見えるロス | 準備・後始末 |
| | | | | 段取り替え |
| | | | | 設備故障、機械調整 |
| | | | | 不良品発生、手直し |
| | | | | 手待ち |
| | | | | 作業ミス、その他 |
| | | | 目に見えないロス | サイクルタイムロス |
| | | 可動時間（M） | | |

可動率＝可動時間（M）÷稼働時間（G）（％）

図1　改善結果

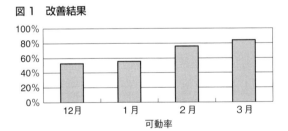

可動率

**POINT** 試運転開始から量産が安定するまでの期間を立上げ期間と言う。この期間をいくつかのステップに分け、各ステップごとの実施内容とスケジュールを全員で討議して決め、現場の管理板で表示する。全員が確認して実施することで、立上げ期間の短縮を図る。

## Q

小石リーダーの職場では最近、新製品の立上げが多くなってきており、しかも顧客の要望で、試運転後すぐに量産に入らなければならないケースも増えてきました。製造現場としてその都度、工場のスタッフを交えて打ち合わせ、試運転の方法を決めていますが、いろいろ問題が出てきています。新製品立上げで、順序立てて実施する適当な方法があるでしょうか。

## A

試運転開始から量産が安定するまでの期間を、ステップに分けて管理することが大切です。**表1**に据え付け完了から量産開始までの期間を5つのステップに分け、初期流動活動を行う例を示します。これは1つの例ですので、これを参考にして現場に合った条件を入れ、独自の計画をつくるのがよいでしょう。

まず事前準備として、初期流動活動のメンバーを決め、全員で討議し、品質、生産性、設備効率などについて量産立上げ時点の目標とスケジュールを設定します。次に、ステップごとの達成目標と活動内容を決め、**表2**に示す初期流動管理表を作成します。この表を管理板に掲げて現場に表示し、関係者全員に徹底します。

以下に、各ステップの実施内容について説明します。

### (1) 第1ステップ

設備全体の据え付け状況のチェックと各単体機器について、空運転による性能チェックを行います。不具合機器については、メーカーおよび機器保全担当と協力して是正します。試作品の品質についても、製造担当として検査項目、検査基準を確認します。また、作業指導書の内容、作業員の訓練計画も確認しておきます。

### (2) 第2ステップ

短時間連続運転Aとして、1〜2時間の実運転を行います。このときの運転結果をもとに、機器のチョコ停や不良の対応、製品の品質チェックを行い、顧客要求事項との比較なども行います。

### (3) 第3ステップ

短時間連続運転Bとして数時間の連続運転を行い、品質面の総点検を実施します。同時に標準作業書に基づく作業訓練を行います。また、機器の注油や検査基準を確認し、必要に応じて改訂します。

### (4) 第4ステップ

量産連続運転として8時間程度の連続運転を行い、生産に必要な条件を確認し設定します。

### (5) 第5ステップ

第4ステップでの条件確認で性能に異常がなければ、引き渡しチェックリストにより確認し、メーカーから引き渡しを受け、量産立上げを行います。これにより、初期流動活動は終了します。

## 解説

初期流動活動の管理とは、開発新製品の量産立上げ時における設備面、生産面の不具合を取り除き、早期に品質（Q）、原価（C）、納期（D）の目標値を達成する活動を言います。

活動内容は**図1**に示す通りで、稼働率、不良率、工程能力などの目標値を決め、これを達成するため活動内容を抽出して実行します。

従業員全員の意見を求め、活動時には、全員に管理板を活用して徹底するのが効果的です。

大石　哲夫（大石コンサルタント）

表1 初期流動活動展開のステップ例

| 活動名と時期 | 活動概要 | 備　考 |
|---|---|---|
| ・事前準備 | 目標値の設定、活動日程の設定 | メーカー、製造、保全 |
| ①設備チェック、立上げ試運転計画 | 設備据え付けチェック<br>・機器性能チェック・品質基準の確認 | メーカー、技術、製造、保全、検査 |
| ②短時間連続運転A、設備初期点検 | 1〜2時間の連続運転<br>・顧客要求事項との比較、チョコ停・不良対策など | メーカー、技術、製造、保全、検査、生産、IE |
| ③短時間連続運転B、品質総点検 | 数時間連続運転<br>・品質面の総点検(加工組立不良の洗い出し)<br>・標準作業書に基づく運転操作、作業訓練 | 技術、製造、保全、検査、生産、IE |
| ④量産連続運転 | 8時間連続運転<br>・生産に必要な条件を確認、設定 | 技術、製造、保全、検査、生産、IE |
| ⑤引き渡し、量産立上げ | 引き渡しチェックリストによる確認 | 技術、製造、保全、検査 |

表2 初期流動管理表の例

| 初期流動管理日程 | | | | | |
|---|---|---|---|---|---|
| ステップ | 第1ステップ | 第2ステップ | 第3ステップ | 第4ステップ | 第5ステップ |
| 立上げ日程 | ― | ― | ― | ― | ― |
| 初期流動活動 | 設備の据え付け | 短時間連続運転A | 短時間連続運転B | 量産連続運転 | 量産立上げ |
| 設　備 | 不具合エフ付け | 設備効率把握 | 清掃給油基準 | 段取時間短縮 | 残課題整理 |
| 品　質 | 試作品品質確認 | 工程能力測定 | 品質総点検 | | |
| 作　業 | | 標準基準設定 | 作業習熟訓練 | 作業総点検 | |
| それぞれの目標値を表示 | | | | | |

図1 初期流動活動の内容

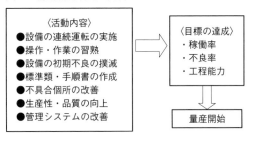

〈活動内容〉
● 設備の連続運転の実施
● 操作・作業の習熟
● 設備の初期不良の撲滅
● 標準類・手順書の作成
● 不具合個所の改善
● 生産性・品質の向上
● 管理システムの改善

〈目標の達成〉
・稼働率
・不良率
・工程能力

量産開始

# 現場作業へのIT利用

**POINT** マシンニングセンタを初めとするNC加工機は、加工工程の生産に欠かせないものである。各種デジタル化・ビジュアル化ツールも、組立工程の生産支援に広く用いられている。またMESシステムの導入は、生産実績の収集から社外まで含めたSCM連携まで有効である。

## Q

小石リーダーの職場でも、切削工程などにNC加工機が導入されて、生産性が大幅に向上し、品質のクレームも少なくなってきました。小石リーダーは今後IT活用の範囲を広げるために、どのような分野でITが利用されているかを知りたいと思っています。

## A

IT利用による生産の革新は、大企業のみでなく、中小企業でも急速に広がっています。

### (1) NC加工機を工程に幅広く導入する

デジタル信号により汎用機の動作を自動で制御するNC加工機は簡単な材料の加工に、多種類の加工を1つの機械で自動的に行うマシンニングセンタ（MC）は複雑な部品の加工に、いずれも欠かせないものです（イラスト1）。

### (2) 各種デジタル化・ビジュアル化ツールの利用

2次元で描かれた図面よりも、3次元CADで描かれた図面を扱うことが主流となりました。3次元デジタルデータは設計段階でのシミュレーションに利用されますが、生産工程の中でもビジュアル化システムとして広く用いられ、生産支援に効果を上げています。

64ページで説明したセル生産方式の中に1人（屋台）方式がありますが、生産準備段階で作成された3次元画像を利用する「デジタル屋台」が開発され、これで部品の形状や現場での作業のやり方を表示し、初めての作業者でも間違いなく、能力に合わせて作業ができます（イラスト2）。

### (3) MESで生産状況を把握

MESはManufacturing Execution Systemの略で、製造実行システムと呼ばれています。製造現場には、目に見えないところでさまざまなロスがありますが、それをデータという形で顕在化させ、コンピュータで素早く処理し、対策を講じることにMESの狙いがあります。図1にシステムの構成を、表1に入出力項目を示します。

## 解説

大手企業ではモジュール化により組立工程の簡素化を図ることが主流となり、中小企業でも複雑な半製品の製作が求められています。3次元CAD／CAEの利用は、特に複雑な形状の金型やモジュール化された半製品などの設計・製作に、威力を発揮します。

デジタル屋台は、1人屋台生産のデメリットを、IT技術を活用することにより解決した生産方式です。作業指示図を中心に、工具や締め付けトルクなど作業に必要な情報をリアルタイムに表示し、また部品の形状を確認するモードなどで作業者の組立作業を支援するようになっています。

MESはERP（Enterprise Resource Planning：企業資源計画）システムなどとつなげ、情報連携を行うことにより、工程ごとの各端末から実績入力と同時に生産指示などの出力ができるようになります。また、このシステムをSCMシステムにつなげることにより、社外との連携も可能になります。

IT利用の基本目的つまりメリットは、手書きまたは人手入力の省労力化とミス防止、リアルタイム（即時）による情報伝達にあります。管理図をリアルタイムに表示して品質管理に役立てることなども、IT利用の1つです。

大石　哲夫（大石コンサルタント）

イラスト1　マシンニングセンタの例

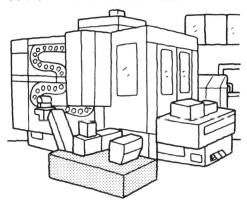

イラスト2　セル生産（デジタル屋台）

図1　MESのシステム構成と入出力

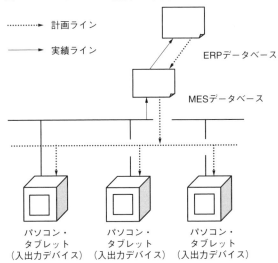

............▶ 計画ライン

─────▶ 実績ライン

ERPデータベース

MESデータベース

パソコン・
タブレット
（入出力デバイス）

パソコン・
タブレット
（入出力デバイス）

パソコン・
タブレット
（入出力デバイス）

表1　MES入出力項目の例

入力項目例（実績ライン）
・作業開始情報　　　・作業終了情報
・加工工程の問題（品質不良、工程不良）
・作業者情報
・その他作業現場の情報など

出力項目例（計画ライン）
・生産指示　　　　　・部品情報
・3次元形状情報　　・設計変更情報
・全工程情報伝達　　・販売情報伝達
・その他原価情報など

# かんばんをどう使うか

**POINT** 「かんばん」とは、スーパーマーケットの業務と商品管理からヒントを得て、トヨタ自動車の大野耐一氏が考え出したジャスト・イン・タイムに不可欠な道具である。「かんばん方式」は、トヨタ生産方式（モノのつくり方）における1つの管理方法である。

## Q

小石リーダーは、「かんばん」をどう使うかについて学びたいと思っています。

## A

### (1) かんばん

トヨタ自動車では、必要なものを、必要な時に、必要なだけつくる「ジャスト・イン・タイム」を実現するために、後工程が前工程へ部品を引き取りに行く方式を採用しています。この引き取りに行くときに使用する道具が、「かんばん」です。後工程が「かんばん」と称する伝票で部品を10個持って行くと、前工程では、そのラインの伝票になって10個つくりなさいという作業指示の情報になります。品名、品番、数量、運搬容器、生産量、運搬時期、前工程、後工程などが、かんばんを見るとすぐわかるようになっています。

### (2) かんばん方式

大野耐一氏の著書によると1951，52年頃アメリカに行った際、スーパーマーケットの写真が数枚あり、出口に女性がいるだけで、お客さんは乳母車みたいなカートを引いて、欲しいだけ品物を買って出口で勘定していました。これが、後工程で使う部品を前工程に取りに行くという考え方のヒントになって、当時は「スーパーマーケット方式」という名前でやり始めたとのことです。

### (3) かんばんの種類

①引き取りかんばん：工程内でできた製品を後工程が、前工程から引き取るときの部品の種類や数を表し、納入指示になります。

②仕掛けかんばん：前工程から後工程が製品を引き取るときに、「仕掛けかんばん」を外し、「引き取りかんばん」をつけます。前工程では、この「仕掛けかんばん」に指示された数だけ部品をつくるための生産指示になります。

③外注かんばん：仕入先から納入時に掛けてくるかんばんで、後工程が引き取るので「引き取りかんばん」になります。

### (4) かんばんの使い方

「ジャスト・イン・タイム」を実現するためには、組立ラインから始まって仕入先まで、かんばんをスムースに回すためのルールが必要です。

①不良品を後工程に送らない

後工程が引き取るものは、全部良品でなければいけません。後工程はお客様なのです。

②後工程が取りに来る

後工程が取りに来るとき、かんばんなしに取りに来てはいけません。かんばんの枚数以上に引き取ってはいけません。また、現物には必ずかんばんをつけます。

③後工程が引き取った数だけつくる

ここで大切なことは、かんばんの枚数以上に生産しないことです。また、かんばんの出た順序に生産することも重要です。

④生産を平準化する

これは、各工程の手待ちや先行生産をなくすためのルールです。

⑤かんばんは工程を安定化・合理化する

## 解説

かんばんは、作業指示の情報です。「何を、いつまでに、どれだけ、どのような方法で生産し、運搬したらよいか」という情報を提供してくれます。そしてかんばんは、現物と一緒に動くため「見える化」の道具でもあり、いかに使いこなすかで威力を発揮します。

富田　康弘（TOMIT＠環境コンサルタント）

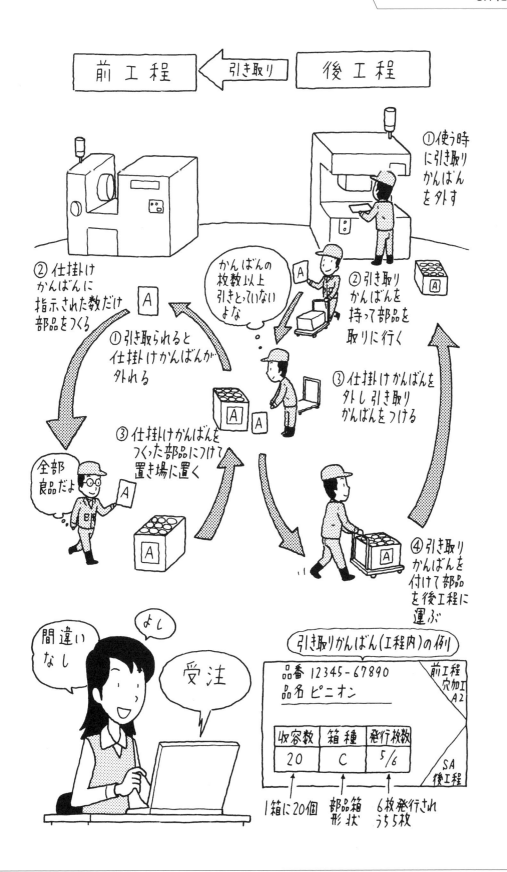

# ライン平準化で流れるような生産を

**POINT** ラインの平準化とは、日々の生産量の変動を少なくし、各工程での作業のサイクルタイムを平均化することである。このために、まずサイクルタイムの測定と分析を行い、サイクルタイムの長い工程を改善する。

## Q

小石リーダーは、顧客からの受注量の変動や、作業員の能力の差などで、加工工程の乱れが生じ、納期に間に合わせるのに苦労しています。残業や他のグループからの応援で、何とか顧客からのクレームが出ないようにしてきましたが、今後のことが心配です。ラインを平準化する方法について知りたいと思っています。

## A

### (1) 各工程のレイアウトをチェックしよう

流れ作業をスムーズに行うために、まず設備機器のレイアウトをチェックし、工程順序に従って加工品が一定方向に流れるようにし、かつ各工程を近接させるようにしましょう。

### (2) 流れ作業の前提条件をチェックしよう

①工程の分割や合併により、分業化が可能となっているか？

②作業の標準化が進められ、作業者による作業時間の変動が小さくなっているか？

③加工品は1個単位で移動できるか？

④同じ製品の生産量、または同じ仕事が長期に続くか？

⑤日々の生産量の平準化を維持するために、少量の在庫量で調整できるか？（図1）

これらの条件が満足されないときは、作業方法を改善したり作業者訓練を行ったりします。ただし、④と⑤については切替え時間削減などを行い、生産リードタイムを短縮することで前提条件から外すことができます。

### (3) ピッチタイムとサイクルタイムを分析しよう

ピッチタイムとは、加工された製品がそのラインから送り出されていく時間間隔を言います。すなわち、1日の正味実働時間を目標の1日の生産量で割った値です。

また、サイクルタイムは各工程に配分された作業サイクルの所要時間のことを表しています。すなわち、対象品を1個加工するのに要する各工程の時間です。

図2に、サイクルタイムとピッチタイムを記入したピッチダイヤグラムを示します。この図の場合は、最も長い第3工程のサイクルタイムに全体的な余裕を入れた時間がピッチタイムです。

各工程への作業配分を適切に行わないと、工程別のサイクルタイムは不均一となります。したがって、生産性を上げるにはラインバランスをとり、各サイクルタイムがピッチタイムとできるだけ等しくなるように編成することです。

### (3) 平準化の対策をとろう

基本的には、以下の対応策があります。

①作業時間の長い工程の作業方法を改善する

②作業を機械化し、サイクルタイムを短縮する

③作業の統合・分割を行う

④作業時間の長い工程と短い工程が隣接しているときには、多工程持ちを行い、巡回しながら作業する

⑤短縮が難しい工程に対しては並列生産を行う

⑥補助員を配置する

## 解説

平準化とは、全工程を通してサイクルタイムが平均化されていることを指します。このためには、上記の各項目のチェックと改善が必要です。同時に、表1に示す各種の流れ作業の中から適切な形態を選択し、うまく組み合わせることが大切です。

大石　哲夫（大石コンサルタント）

図1　平準化してつくる生産計画

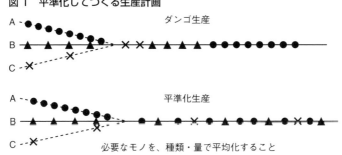

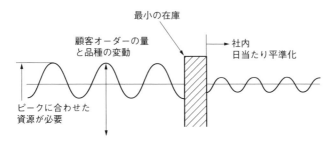

図2　ピッチダイヤグラム

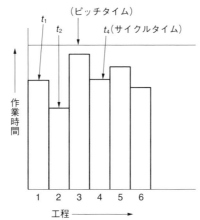

表1　流れ作業の分類

| 種別 | 説　　明 | 細　　別 |
|---|---|---|
| 手送り式 | 工程間の移動は作業者の手による | 単純な手送り器具利用：<br>台車、シュート |
| コンベヤ式 | 工程間の移動は機械による | 静止作業または移動作業：<br>ベルトコンベヤ<br>チェーンコンベヤ |
| タクト式 | 一定時間ごとに、モノあるいは人が次工程に移動 | 物進式：コンベヤ式など<br>人進式：加工品は移動せず |

# 段取り替え時間を短縮する

**POINT** 「段取り上手は仕事上手」とよく言われる。世の中は変種変量生産になり、小ロットの管理が要求されている。必要なものを、必要な時に、必要なだけつくるためには、段取り替え時間を最短にする計画と行動が必要である。

## Q

小石リーダーは、工場長の方針で「段取り替え時間短縮プロジェクト」の一員として活動していますが、どのように進めてよいかイメージが湧きません。

## A

### (1) 段取り替えとは

段取りとは、「次の仕事のための準備作業」です。国語辞典には、「事を運ぶための順序。手順」と記載されています。「段取り替え」は、次の生産に向けた生産設備の準備作業です。

①どのような順序で最適な計画を立てるか

②どんな手順で行えば最短時間で達成できるか

以上が、「段取り替え時間短縮」の課題です。

段取り替えには、設備を停めないとできない作業と、設備が稼働中でもできる準備作業があります。これを、内段取りと外段取りと呼んでいます。

### (2) 段取り替え時間短縮の必要性

世の中は変種変量生産になり、生産するロットが小さくなった結果、段取り替えの回数が多くなっています。段取り替え中には生産がストップし、これによるロスが目立つようになっています。そこで、このロスを減らすためには「段取り替え時間短縮」が有効な手段になっています。

### (3) 段取り替え時間短縮のための改善方法

①内段取りを外段取りへ

10分間未満の段取り時間を「シングル段取り」と言います。すべての設備を10分未満にすることを、まず目標にします。このためには、できるだけ設備が稼働中でも行える外段取りの作業を増やすようにします（図1）。外段取りで可能な作業はとことん外段取りにすると、設備の停止時間が

短縮できます。例えば、型などの取付けの多くはボルトで行われています。そのボルトも六角ボルトや穴付きボルトなど、またサイズの違いもあるかもしれません。そこで、これらの形式や大きさの統一と治工具の統一などを進め、外段取りで順番にそろえるなどの工夫が必要です。

②内段取りの改善

締め付けボルトをなくしてワンタッチ化するなど、内段取りの改善も必要です。また最適な計画も大事で、生産計画はできる範囲で段取り替えを考慮し、作成するようにします。

③調整作業の改善

調整作業もできるだけデータベース化し、型の昇温や原料の予熱なども内段取り開始と同時に行い、さらに作業手順を作成した上で教育訓練などを実施して改善します。

④外段取りの改善

生産に影響がないことを理由に、外段取りをダラダラと行ってはいけません。これも作業手順をつくり、短くする手立てを考えます。

## 解説

### (1) ワンタッチ段取り

段取り時間を限りなくゼロにするために、取付け作業のワンタッチ化、調整作業のデータベース化などで、段取り時間を1分以下にすることが最終目標です（イラスト1）。

### (2) ゼロショット段取り

型替えが終わって、1発目から良品として取り出すために、インジェクション成形などでは、型の予熱や原料の調整などいろいろな改善が必要です。不良品をつくらないためには欠かせない取組みと言えます。

富田　康弘（TOMIT@環境コンサルタント）

図1　段取り替え時間短縮の改善方法

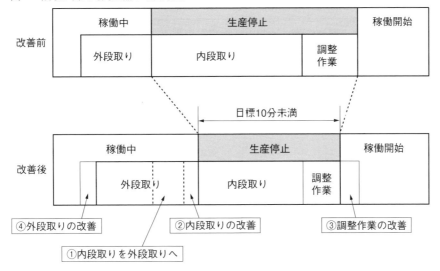

イラスト1　ワンタッチ段取りとシングル段取り

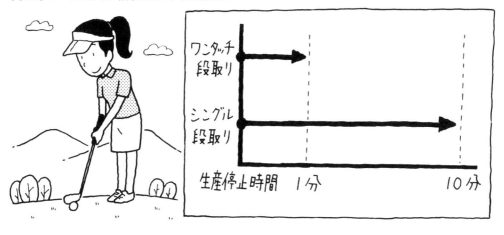

**POINT** 品質管理とは、顧客の要求にかなった品質の製品を、経済的につくり出す管理手法である。管理図は、この目的を達成するために工程が安定な状態にあるか否かを分析し、さらに工程を安定状態に保持する手法である。

## Q

小石リーダーが担当している精密加工部品職場でも、ときどき不良品が発生して生産計画の狂いが生じ、対策や処理に走り回ることがあります。当然のことながら、製品の実状データは採取記録されているのですが…。

## A

この職場での問題点は、測定データが単に品質記録の保管にとどまり、工程の安定管理用に使用されていなかったということです。

### (1) 第1段階は不良品を出さないようにする

製品品質が一定の状態で製造できれば、不良品は出ません。不良品が出るのは、「4M＋環境」の変動要素が原因となって製品の品質がばらつくからです（図1）。このバラツキが大きくなると、異常原因となって不良品が発生することになります。これに対する対策は、管理図を活用して問題点の発生原因となるものを、1つひとつつぶしていくしかありません。

### (2) 管理図を活用できるようにするには

①従業員に十分な教育訓練を実施

管理図は 3σ（シグマ）を使って管理します。基本的なことだけは理解を確実にし、スタッフ任せにしないことが必要です。作業者が工程の異常を早く知って、処置・対策につなげられるようにします。

②管理図を作成して工程の安定化を図る

方眼紙の縦軸に管理特性値を目盛り、横軸に群No. を目盛り、中心線（CL）は実線、上限（UCL）・下限限界線（LCL）は破線にします。管理方法として、管理図に示される UCL・LCL の範囲内に測定値が入っているかどうか、並行して範囲 $R$ やバラツキ $\sigma$ の異常の有無を常時監視します（図2）。

③異常の傾向を知ったらすぐに処置

管理は、「処置をスグに」が原則です。

④管理限界線と規格値を混同しない

⑤現場データの履歴は正確に把握しておかないと意味のない処置を行うことになる

⑥管理項目は測定しやすく、わかりやすくアクションにつながりやすいものを選ぶ

### (3) 計算例

ある金属製品の外径測定データに関する計算結果の例を、表1に示します。

測定データは 10 日間にわたり、1 日を 1 群として、ランダムサンプリングした 1 群 5 個の寸法測定データで、規格値 $20^{+0.050}_{-0}$ mm であり、測定値（X）と範囲値（R）の単位は1,000倍にしています。

上方・下方の管理限界値の計算をします。

管理限界値は群の大きさ 5 の関連係数値 $A_2 = 0.577$ を引用して計算します。

$$CL = \bar{\bar{X}} = 28.26$$
$$UCL = \bar{\bar{X}} + A_2\bar{R} = 28.26 + 0.577 \times 14.3 = 32.66$$
$$LCL = \bar{X} - A_2\bar{R} = 28.26 - 0.577 \times 14.3 = 23.86$$

## 解説

不良品質問題が発生した場合、現場で即応すべき重要な対策は次の通りです。

①すぐに不良発生現場に行って、不要品を自分の目で確かめる

②不良発生状況をよく観察する

③作業者の意見をよく聞く

こうした対策により現場での問題点発生の証拠が押さえられたら、問題の大半は解決できます。

高橋　明男（高橋技研）

## 図1 不良品発生のメカニズム

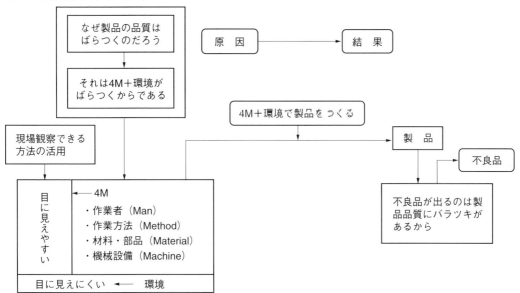

## 図2 管理図の例

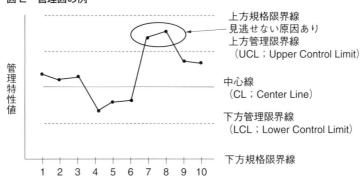

## 表1 測定データおよび管理特性値の計算事例

| 群No. | $X_1$ | $X_2$ | $X_3$ | $X_4$ | $X_5$ | $\overline{X}$ | R | | $\overline{X}$ | R |
|---|---|---|---|---|---|---|---|---|---|---|
| 1 | 19 | 39 | 29 | 31 | 27 | 29.0 | 20 | $\overline{X}$およびR合計 | 282.6 | 143 |
| 2 | 33 | 29 | 35 | 29 | 31 | 31.4 | 6 | $\overline{X}$およびR平均値 | 28.26 | 14.3 |
| 3 | 31 | 35 | 27 | 31 | 29 | 30.6 | 8 | UCL | 32.66 | — |
| 4 | 18 | 30 | 27 | 30 | 32 | 27.4 | 14 | LCR | 23.86 | — |
| 5 | 33 | 31 | 25 | 27 | 25 | 28.2 | 8 | | | |
| 6 | 34 | 36 | 26 | 42 | 32 | 34.0 | 16 | | | |
| 7 | 27 | 33 | 25 | 19 | 25 | 25.8 | 14 | | | |
| 8 | 29 | 23 | 27 | 37 | 33 | 29.8 | 14 | | | |
| 9 | 13 | 25 | 27 | 29 | 35 | 25.8 | 22 | | | |
| 10 | 30 | 24 | 15 | 18 | 16 | 20.6 | 15 | | | |

**POINT** 製造現場では工程能力を把握し、異常がないかを常に監視して、安定した製品品質を提供することが求められる。このために、客観的に自分の職場を分析して、安定した操業であるかどうかを確認できるツール「工程能力指数」への理解が必要である。

## Q

小石リーダーの職場では、ある精密金属部品を切削加工しています。管理図を見ても、特に異常は認められません。工程能力はあると思っていたのですが、ユーザーから念のためチェックしてはという話があり、実行してみようと思っています。

## A

ひと口に切削加工組立と言っても、4M（作業者、作業方法、材料・部品、機械設備）と作業環境に関するさまざまな変動要素は避けられず、工程が完全に安定している状態とは言えません。そこで、工程がどの程度安定しているかを評価します。方法としては、計数評価できる工程能力指数 Cp 値を評価尺度にとるのがよいでしょう。

### (1) 工程能力指数 (Cp) とは

工程能力指数 (Cp) とは、製品の上側規格値（最大値）と下側規格値（最小値）との差（公差）を、バラツキの程度を示す σ（シグマ）の 6 倍値 (6σ) で割った数値である、と JIS Z 8101 で規定しており、工程能力を評価する尺度の 1 つです。バラツキ (σ) が小さいほど Cp 値が大きく、工程が安定していると言えます。Cp の判定基準値を、表1 に示しました。

規格幅値 6σ と一致する場合は Cp＝1 になり、不適合品の発生する統計確率は、

$$1-0.9973=0.0027 \rightarrow 2.7/1,000$$

で 1,000 個に 3 個発生となります。

Cp＝1.33 では、60PPM → 10 万分の 3 個発生となり、ほぼ満足すべき数値と言えるでしょう。

### (2) 工程能力指数算出式と算出事例

$$Cp＝\frac{上側規格値－下側規格値}{6R/d_2}$$

製品は円柱で、規格が $10^{+0.050}_{-0}$ mm です。規格値を各 1,000 倍して、上側規格値は 10,050、下側規格値は 10,000 で、測定値の解析結果値を図1 に示します、$\overline{R}$ は上側と下側群内測定値の平均値で $\overline{R}$＝13.80、$d_2$ は群の大きさ n による係数です。本例は、表2 より n＝5 では $d_2$＝2.326 で

$$Cp＝\frac{50.0-0}{6 \times \dfrac{13.80}{2.326}}＝1.40$$

となり、表1 の工程能力指数の判定基準から、工程は安定しているという結果が得られます。

### (3) Cp 値 1.33 以上を実現するための活動

①自職場で Cp 値 1.33 維持確保

実現に向けては、ⅰ）作業員全員に技能教育訓練を徹底化、ⅱ）作業標準書類を具体的な内容に整備、ⅲ）使用する設備の点検・整備の記録化、ⅳ）計測器の点検と丁重な管理、が重要です。

②他職場に協力を依頼

○設計に対しては、ⅰ）複雑な個所を加工しやすい単純構造な設計を心がけてもらい、ⅱ）重要検査個所はマークをしてもらいます。

○購買に対して、納入品は Cp 値 1.33 以上を保証できる業者を選定してもらいます。

③監査への参加要請

品質保証部門に対しては、重要部品の納入メーカー監査に参加し、処理ができるようにします。

## 解説

工程能力を確保するには、自社の工程管理においてバラツキ減少対策を確実に行う必要があります。定期的に Cp 値評価を行い、変動傾向を確実に把握して、すぐ対策を立てることが重要です。

高橋　明男（高橋技研）

表1 工程能力指数の判定基準

| Cp | 判　定 |
|---|---|
| 1.33≦Cp | 工程は規格を十分満足し、安定している |
| 1.00≦Cp＜1.33 | 工程能力は規格を満足しているが、管理に注意が必要である |
| Cp＜1.00 | 工程能力が不足しており、対策が必要である |

図1 工程解析用の $\overline{\mathrm{X}}$－R 管理図

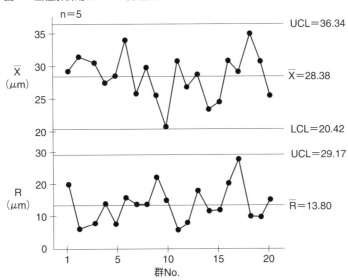

表2 管理図係数表

| $\overline{\mathrm{X}}$ 管理図 | | $\overline{\mathrm{R}}$ 管理図 | | | |
|---|---|---|---|---|---|
| 群の大きさn | $A_2$ | $D_3$ | $D_4$ | $(d_2)$ | $(d_8)$ |
| 2 | 1.880 | — | 3.267 | 1.128 | 0.853 |
| 3 | 1.023 | — | 2.575 | 1.693 | 0.888 |
| 4 | 0.729 | — | 2.282 | 2.059 | 0.880 |
| 5 | 0.577 | — | 2.115 | 2.326 | 0.864 |
| 6 | 0.483 | — | 2.004 | 2.534 | 0.848 |

# QC ストーリーで問題解決

**POINT** 現場では、さまざまな問題を抱えている。この問題や課題が多いことは、決して悪いことではない。いかに真の原因を見つけ、解決していくかが成長する会社のカギである。「QC ストーリー」は、問題や課題解決の一般的手順あるいは定石となっている。

## Q

小石リーダーは、山積みする問題を1つひとつ解決するために「QC ストーリー」を学び、サークル活動を活性化したいと思っています。

## A

### (1) QC ストーリーとは

現場が抱える問題や課題の解決に向けて、取り組まれる一般的な手順を1つのドラマに見なして、ストーリーと捉えます。「問題解決型 QC ストーリー」と「課題達成型 QC ストーリー」があり、ここでは主に前者について説明します。

### (2) QC ストーリーの7つのステップ

①テーマ選定：問題の確認
②現状把握：問題の分析
③要因解析：主要な原因の追及
④対策の立案と実施：原因を取り除くための処置
⑤効果の確認：処置についての効果の確認
⑥歯止めと標準化：原因の恒久的な除去
⑦まとめと今後の課題：改善活動の反省と今後の課題に対する計画

この中で大事なことは、何が問題かを見つけ出すことであり、真の原因を突き止め、二度と起こらないように再発防止を行うことです。何か遠回りしているようですが、問題解決に向けた着実な道のりなのです（イラスト1）。

### (3) 各ステップの詳細

①テーマの選定

現場で起こっている問題を見えるようにし、全員がその問題を共有化します。そして、テーマとして取り上げる問題が、ほかの問題より重要であることを確認します。

②現状把握

まず現場・現物主義で、問題の根幹を把握することが大切です。そして、いろいろな角度から問題を観察することです。

③要因解析

真犯人を見つけるために事実を徹底的に調べ、データに基づいて要因を見つけ出す作業で、これが一番重要です。特性要因図をもとに仮説を立て、実験計画で確認することや、「QC7つ道具」や「新 QC7つ道具」（表1）などの活用、「なぜなぜ」を5回繰り返すのもよいでしょう。

④対策の立案と実施

原因が突き止められたら対策案を練り、対策を実施します。

⑤効果の確認

問題が再び起こらないかどうかを確認します。

⑥歯止めと標準化

同じ問題が再発しないよう再発防止を行い、同じ機種があればその機種にも水平展開します。標準として文書化し、教育訓練を行います。

⑦まとめと今後の課題

改善活動の反省と今後の課題に対する計画などをまとめたら、この問題は解決です。

## 解説

今回の小石リーダーの問題は、現場の日常管理での問題点を解決するためのアプローチでしたが、もっとコストダウンしたいというような、現状レベルから大幅な向上を目指した課題にチャレンジすることも大切です。この場合のテーマ選定は、悪さ対策でなく、「段取り時間短縮」など良さを求めるようにします。この場合は、「課題達成型 QC ストーリー」がよいでしょう。

富田　康弘（TOMIT @環境コンサルタント）

イラスト1 「QCストーリー」7つのステップ

表1 QC7つ道具と新QC7つ道具

| 番号 | QC7つ道具 | 番号 | 新QC7つ道具 |
|---|---|---|---|
| ① | パレート図 | ① | 親和図法 |
| ② | ヒストグラム | ② | 連関図法 |
| ③ | 管理図 | ③ | 系統図法 |
| ④ | 散布図 | ④ | マトリックス図法 |
| ⑤ | 特性要因図 | ⑤ | アロー・ダイアグラム法 |
| ⑥ | チェックシート | ⑥ | PDPC（過程決定計画図） |
| ⑦ | グラフ（グラフと管理図をまとめて、「層別」を入れる場合がある） | ⑦ | マトリックスデータ解析法 |

# トレーサビリティをしっかりと

**POINT** 製品品質の身元（トレーサビリティ）をはっきりさせれば、顧客は信頼する。必要な品質情報が確実な状態で整理・保管され、いつでも引き出せる状態になっていることは、顧客の信用を確保するための有力な武器となる。

## Q

XY工業では、購買課が資材と一部の外注品とを購入し、これを製造課が加工・組立をして、検査課が最終検査していますが、顧客から製品のトレーサビリティ強化を要求されました。そこで、小石リーダーは製品のトレーサビリティを充実させ、準備を進めるように課長から指示されました。

## A

品質のトレーサビリティとは、端的に言うと製品に何かの問題があった場合、製品の履歴を追跡し、どの範囲に問題を限定するかを決める際に、必要な品質検査記録類のことです。

### (1) トレーサビリティデータの流れと内容

主要工程と品質検査データの関係、および流れの一例を図1に示します。当該工場では機械部品の製作をしており、購買課が資材と一部の部品を外注購入し、製造課が加工、組立製造し、検査課が最終検査をしています。

### (2) 製造課の品質検査記録類

①工程内検査チェックシート

工程内検査書とも言われます。この検査書を作成して保管します。表1と図2に見本を示します。トレーサビリティの最も重要なデータですから、最後は検査課で保管します。

下記の製造課が保管・管理する、そのほかのデータも重要です。

②QC工程表

製造に関する検査標準規定です。

③計測器点検表

計測器の校正管理は検査課が担当します。日常点検による計測器の点検で、結果を記録します。

④作業標準書

作業操作手順を規定している資料で、製造課で作成して保管します。

⑤設備点検表

設備が正常に稼働していることを確認する資料です。製造課で、異常の有無の確認と設備の保守点検結果を記録・保管します。

### (3) そのほかの関連部署の検査記録など

①設計課は設計図、計算書、仕様書を担当し、保管

②購買課は、納入者が納品時の納品検査書と受入検査書を購入品とともに製造課に送付

③検査課は、各課の検査データ確認および製品の特定の検査を行い、最終検査として出荷可否を判定

トレーサビリティの内容は企業間契約で決められ、上記が必須項目とは限りません。この例では検査課が最終検査を行い、トレーサビリティ管理の主担当になっています。品質トレーサビリティのほかに計測器関係もありますが、普通、検査課が単独管理するため省略しました。これらのデータ管理にITシステムが多用されています。

## 解説

トレーサビリティに共通記載する内容は名称、年月日、製品Noなどであり、顧客からの製品履歴の提示要求にいつでも対応できるよう、トレーサビリティデータの保管管理をします。トレーサビリティには、工程間のつながりが明確になる記録データが必要であるとされています。

顧客からのトレーサビリティ要請にいつでも対応できる体制は、顧客の信用を維持するための無形の財産です。このような品質管理に、ITシステムの利活用が広まっています。

高橋　明男（高橋技研）

**図1 工場内の検査分担と検査書の流れ**

**表1 工程内検査チェックシートの事例**

| 機種 | SW-265 | 工程チェックシート | | 改訂 | | 承認 |
|---|---|---|---|---|---|---|
| 製品No | 21623253 | | | | | 検討 |
| 生産月日 | 08.2.5 | 判定(良=○、不良=✓、手直し完=∅)/測定値 | | | | 作成 |
| 工程 | チェック項目 | | 組立基準 | 組立チェック結果 | 月　日 |
| 10 タンクの組立 | ベットの水平レベルは出ているか | | 0.05以内 | 0.02 | 08.1.10 |
| | タンクの垂直レベルは出ているか | | 0.05以内 | 0.02 | |
| | タンクの垂直取付けレベルは表示してあるか | | 直角 0.01/200 | 0.01/300 | 08.1.10 |
| | ベット下部面の摺動性は良いか | | | ○ | |
| | タンクの油面レベルは表示してあるか | | | ○ | |
| | 取付けネジの垂直度は良いか | | 0.01以内 | 0.008 | |

**図2 タンクとベット組立外形図（工程内検査説明用）**

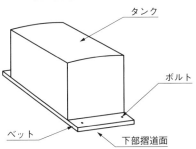

# ISO9001の現場対応

**POINT** ISO9001は、あらゆる業種の品質に関するパスポートになっていると言っても過言ではない。どんな企業でもパスポートがなければ、ISOを取得している他社に顧客を奪われる恐れがある。また、取得していないと親企業の購買先の土俵に乗ることもできない。

## Q

小石リーダーは課長から、「この工場もISO9001を取得するから準備しておくように」と言われました。自分の職場でどのように取り組んだらいいか調べています。

## A

### (1) ISO9001が業務に要求している内容

工場全体の業務フローは、製品の受注から始まり製作、出荷、引き渡しに至る形になっています（図1）。この中で、製造を中心とした業務に適用される規格条項は［8.5］に示されています。

### (2) 製造現場でISO9001に対応しなければならない主要な業務内容

表1に示すようなQC工程表を作成します。製造工程の品質を確保するための基礎となるものです。さらに、前項の表1に掲げた工程チェックシートを作成します。これは、品質を確認するための中間検査書です。一方、作業者の力量を向上させることも重要で、作業に必要な研修会や社内の技能訓練などに参加させ、記録を保管します。

チョコ停の未然防止や品質異常を予防するために設備保全を行います。計測機器についても規程に従って使用、維持、保全を実施します。校正は、定期的に行い記録します。現物への有効期限の表示も大切です。また、工程管理表に従い、進捗管理を徹底して納期遅れを起こさないようにします。

文書については、重要なものは必ず上司の承認を得ます。また日付けを記入し、必要に応じて更新します。文書の有効性を確保するために、決められた期間は保管し、期限後は廃棄します。

品質問題が発生した場合は発生原因、処置対策、処置後の確認を行い、品質部門に報告した上で再発防止と関連部門への水平展開を図ります。最近では、ヒューマンエラーの要因で流出不良が増えている例があり、十分な対策が不可欠です。

### (3) 製造現場での実施上の注意事項

現場はモノづくりの場で、証拠を残すことが重要なため、記録を正確に書くことが要求されます。前回と同様の測定値であっても、数値の記載は必須です。その際、年月日と名前は忘れないようにしましょう（イニシャルでも識別できれば可）。

単なる監視ではないので、異常があれば必ず書き残しておきます。そして、文書を作成・発行する際は必ず上司の承認を得ます。朝礼などのミーティングで重要と思われる情報を交換し、意志の疎通を図りましょう。製造現場では、5Sは非常に大切な取組みです。5Sを徹底して作業環境を良くすると、品質確保とムダの解消が実現します。

## 解説

他課と製造部門とのISO9001業務の関連について、以下に述べます。

①購買課

購買品は、すべて購買課経由で調達されます。材料・外注部品納入業者には、すべて納品物と納入検査書を提出してもらい、購買課がチェックした上で受領します。購買品は納入検査書を確認して製造課が受け入れ、製造ラインに投入します。

②検査課

製造部門で製品が完成し、工程検査に合格すると、製品は検査課で所定の最終検査を受けます。合格後は、製品在庫として倉庫に保管されます。

③営業部門

製品の製造納期の問い合わせに対応します。

高橋　明男（高橋技研）
鈴木　宣二（鈴木宣二技術士事務所）

**図1　業務とISO9001との関係**

| 工場業務の流れ | 業務に対応する ISO9001条項 | ISO9001条項の 概略名称 | 工場で対応する主要業務の概要 |
|---|---|---|---|
| 顧客からの引き合い | 8.2 | 製品およびサービス に関する要求事項 | 製品の要求(品質の納期)などを検討し確認する |
| 見積り・仕様書作成 | | 同　上 | 製品の要求内容が確認され、当社の供給能力が顧客の希望条件に合致すれば見積書や仕様書を作成する |
| 受　　　注 | | 同　上 | 顧客の要求事項と当社の希望条件が合えば、受注契約になる |
| 設　計　・　管　理 | 8.3 | 製品およびサービス の設計・開発 | 設計部門で設計を行い、購買仕様書が発行される。また製作図面については、関係部門との検討結果(デザインレビュー)を行った図面が発行される |
| 購　　　買 | 8.4 | 外部から提供される プロセス、製品およ びサービスの管理 | 購買仕様書に基づいて、納入業者が決定される。当社購買品は受入検査後に製造部門に入荷する |
| 製　　　作 | 8.5 | 製品および サービスの提供 | 製造部門では、図面に従って材料や部品を使用する。作業者は機械設備を用いて「QC工程表」をもとに製作する |
| 検　　　査 | 8.7 | 不適合なアウト プットの管理 | 検査部門では校正済の検査機器により、納入検査書や工程内検査書(86ページ参照)を含めて製品の合否判定を行い、出荷部門に渡す |
| 包　装　・　出　荷 | 8.6 | 製品およびサービス のリリース | 製品の梱包を行い、顧客の納入指定日まで製品を保管し、出荷する |
| 引　き　渡　し | | 同　上 | 引き渡しは、顧客との契約に基づいて自社倉庫から顧客先まで納入する |

**表1　QC工程表の例(フレームの加工・組立)**

| QC工程表 | 品名 | フレーム | 品番 | 14102 | 発行 | 年　月　日 | | | 承認 | 点検 |
|---|---|---|---|---|---|---|---|---|---|---|

| 工程番号 | 工程名 | 管理点 | | 管理方法 | | | | | | 標準時間 | |
|---|---|---|---|---|---|---|---|---|---|---|---|
| | | 管理項目 | 品質特性 | 規格製造基準 | 機械測定器 | 初物 | | 量産 | | データ様式 | 段取り時間 | ST |
| | | | | | | サンプリング方式 | チェッカー | サンプリング方式 | チェッカー | | | |
| 40 | 切　欠 | セット位置 | 外　観 切欠長さ | 作業標準書 | 切欠専用機、ノギス | n＝5 n＝5 | 作業者 | 120分ごと n＝5 | 作業者 | 中間検査成績表チェックボード | 5分 | 1分 |
| 50 | 組　立 | 部品取付け方向、空気圧 | 外　観 カシメ具合 | 作業標準書 | リベッター | n＝5 n＝5 | 作業者 | 120分ごと n＝2 | 作業者 | 中間検査成績表チェックボード | 8分 | 1分 |

# 粉じん減少・油漏れへの手立て

**POINT** 粉じんは事務所も現場も汚し、生産活動に悪い影響を与える。また工場廃水中の油漏れは、少量であろうと外部に流出すれば問題になる。作業環境を良くする意味でも、こうした取組みへの重要性は高まっている。

## Q

小石リーダーは、どうすれば現場の粉じんの発生が減らせるか頭を悩ませています。床や設備、屋外にも粉じんが付着堆積し、近隣住民からときどき苦情が届きます。一時設置した排気フードも効果が出ず、撤去した現在は、建屋の窓を閉めて防じんマスクを着けて作業する状況です。

またあるとき、工場排水管がつながる小川に、キラリと光る油面を見かけました。気になって調べると、雨水溝に流れた油とわかりました。それは、機械切削油を交換する際にこぼれていたのが原因でした。機械室の通路や床はベタついており、作業員の靴底にも油が付着しています。職場の安全と安心の確保はもちろん、近隣住民から信頼されるための必須事項を整理し、推進したいのです。

## A

### (1) 作業場の粉じん対策

#### ①発生を抑える取組みが基本

まず、作業場の粉じん発生を減らすことを主体に取り組みます。このためには、粉じん発生源に箱を被せて密閉すればよいのですが、状態の監視や材料の出し入れ作業があり、密閉式の採用は難しいでしょう。したがって、解放式で作業性が良く、安価な集じん装置の設置を計画すべきです。

集じん装置は、排気フードと集じん機により構成されています。使用目的に合った排気フードの型式や形状を選定することが重要です。

#### ②効率の良い集じん排気フードを選ぶ

選定のポイントは以下の3点が挙げられます。
○最小の配風量で最大の排気効果を得る形状
○作業に支障を及ぼさない構造
○環境・安全・衛生面も十分に考慮

粉体原料を貯蔵槽に投入する場合を図1に例示します。この例では、外付けで側方に開口部のある形式を選び、キャスターをつけて移動可能にした作業性の良い排気フードを採用しています。

### (2) 油の流出による水質汚濁対策

#### ①油が外部に漏れる原因を調べる

ドラム缶から石油缶に小分けする際に、こぼれ落ちることが多いので注意します。古い切削油を新品と交換する際も、こぼすことが多いようです。通路の水洗時にも、床に付着した油が流出します。

#### ②具体的な対策の実施

図2に示す金属製の角型バットを作成し、ドラム缶と石油缶をバット内に入れ、油の小分け作業をするようにしました。内部に溜まった油は吸油マットで拭き取り、機械の油槽の交換時も同様に行います。一方、雨水溝に流れ出た油水の分離には出口末端に油水分離マスを設置します。

図3に、潜り戸方式と発泡スチロールを組み合わせた油水分離マスの設置例を示しました。マス中央の潜り戸により流入入水は下に向かい、油は浮いて発泡スチロール粒に接触吸収されます。最後に、緊急対策訓練を実施して歯止めをかけます。

## 解説

自社に最適な集じん体系を構築することで、粉じんの発生減少が実現して職場はきれいになります。これにより作業員の健康増進に役立つとともに、生産性向上と品質改善に寄与します。

また、油流出の緊急事態対応と消火定期訓練の2項目は、手順書を作成して実施します。結果を記録し、次回訓練時の見直しに活用しましょう。基本的に油は外部に漏らさないことが肝要です。

高橋　明男（高橋技研）

図1　移動式排気フードを使用した貯蔵槽の投入作業

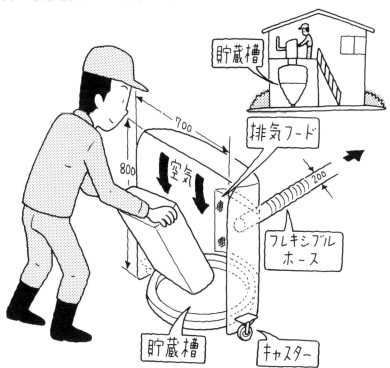

「局所排気装置フード」中災防，P6を参考に作成

図2　金属板製角型バット

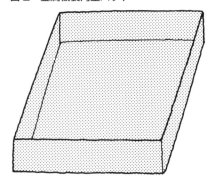

図3　潜り戸方式と発泡スチロールの組合せ

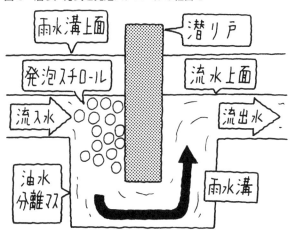

# 廃棄物を少なくする

**POINT** 廃棄物を減らすためには、会社全体で取り組む必要性がある。その最適な手段としては、マネジメントシステムであるISO14001の活用が挙げられる。廃棄物の削減目標を設定し、その目標に向かって日々実践活動を進めていくことで達成される。

## Q

XY工業には、樹脂材料を用いたプラスチック部品の設計・製作を行う部署があります。全社で環境マネジメントシステムを構築しているところですが、プラスチックの廃材処理は面倒なため混合で処理しており、材種別に仕分けていません。機械加工部門の小石リーダーも、廃棄物を少なくするプラスチックの廃材処理には関心があります。

## A

プラスチックは、石油を精製したナフサからつくられます。石油は天然資源で有限です。一方、最近では川や海に流れ込んだポリ袋やペットボトルの廃棄物が、波や紫外線でマイクロプラスチックになり、生態系への影響が深刻視されています。こうした課題に対処するために、プラスチックの有効活用が求められているのです。

環境マネジメントシステムの構築は、持続可能な社会を実現する工場の取組みとして不可欠です。そこで、ISO14001に即した進め方を紹介します。

### (1) 組織の状況把握

自社を取り巻く環境に関する外部と内部の課題を決定します。これには、環境に影響を与える環境負荷物質を把握することが必要です。

XY工業では顧客から図面を受け取り、工作機械などで樹脂部品を加工しています。その稼働には電力や潤滑油が必要です。これらに加え、組立部門で使う2液性接着剤も環境負荷物質の場合があるほか、工場で利用する空調設備も代替フロンを使用していて環境負荷物質に相当します。

### (2) 著しい環境側面の抽出

自社で環境負荷を与えている環境影響評価を行い、設備ごとの環境側面と環境影響を抽出します。

簡単な例として、コンプレッサーとプラスチックの廃材を取り上げました。まず、自社の環境側面と環境影響を洗い出します（表1）。

表2の環境影響評価の基準に従い、環境影響の重大性評価を行います。重要な項目はリスク評価（発生頻度×結果の重大性＝総合評価）です。また近隣住民からの苦情や法的要求事項、ライフサイクルの視点を考慮し、総合的に登録の有無を判断します。事例では、コンプレッサーの騒音とプラスチックの廃材が著しい環境側面として登録されています（表3）。この登録の基準（点数）は自社で決めます。電子マニフェストを活用すると、廃棄物の集計や最終報告書の作成が楽になります。

### (3) 廃棄物の削減方法

①廃棄物の種類を明確にして年間排出量を把握

②廃棄物の種類ごとに排出量の目標を立てる

③徹底した分別を行い、毎月ごとの量を把握

④ISO会議や経営会議で環境報告を行い、廃棄物の予実報告をして増加の場合は改善策を立案

⑤全社的な3R（リデュース：減らす、リユース：再使用、リサイクル：再生利用）活動の推進

## 解説

ゼロエミッションとは、工場から出る廃棄物をゼロにする活動です。例えば部品加工をする場合、工程設計の見直しや加工方法（機械や設備）の再検討によって、大幅に歩留りがアップします。端材を最終的にゼロにするのです。

自社だけで処理するのではなく、企業間契約をして産業廃棄物を再利用する企業が増えています。例として、インテリアの小物部品に再加工して販売する例があります。またSDGsに挑戦し、全社活動に展開させると廃棄物を削減できます。

鈴木 宣二（鈴木宣二技術士事務所）

**表1　環境影響評価（例）**

| 設備 | INPUT | OUTPUT | 環境側面 | 環境影響 |
|---|---|---|---|---|
| コンプレッサー（屋外に設置） | 電力 | | 電力の消費 | 資源枯渇 |
| | 潤滑油 | | 油の消費 | 資源枯渇 |
| | | 廃熱 | 熱の放出 | 温暖化 |
| | | 騒音 | 騒音の発生 | 騒音 |
| | | ドレイン | 排水 | 水質汚濁 |
| | | 油漏れ | 排水 | 水質汚濁 |
| プラスチック廃材 | プラスチック材料 | | 資源の消費 | 資源枯渇 |
| | | 端材 | 廃棄物 | 廃プラ |

**表2　環境影響評価の点数法（例）**

| 区分 | | 点数 | 評価事例 | | | |
|---|---|---|---|---|---|---|
| 発生頻度 | 定常時 | 5 | 日常的に発生する | | | |
| | | 4 | 1回／週 発生する | | | |
| | | 3 | 1回／月 発生する | | | |
| | | 2 | 1回／3カ月発生する | | | |
| | | 1 | 1回／1年以上発生する | | | |
| | 非定常時 | 5 | 日常的に発生する | | | |
| | | 4 | 1回／週 発生する | | | |
| | | 3 | 1回／月 発生する | | | |
| | | 2 | 1回／3カ月発生する | | | |
| | | 1 | 1回／1年以上発生する | | | |
| | 緊急時 | 5 | 1回／月 発生する | | | |
| | | 4 | 1回／3カ月発生する | | | |
| | | 3 | 1回／1年以上発生する | | | |
| | | 2 | 1回／3年以上発生する | | | |
| | | 1 | 1回／10年以上発生する | | | |

| 結果の重大性 | 点数 | 直接環境影響 | 間接影響 | | |
|---|---|---|---|---|---|
| | | | 廃棄物 | 電力消費 | 資源消費 |
| 環境負荷あり | 10 | 法規制を超えて流出、または多大な影響を及ぼす | ------------ | ------------ | ------------ |
| | 8 | 法規制内であるが、規制値に近い | ------------ | ------------ | ------------ |
| | 6 | 苦情が出る可能性あり | 埋立ができない（薬品類） | ------------ | ------------ |
| | 4 | 市民生活上・作業環境上、多少気になる | 埋立しかできない（FRPなど） | 200V電源使用、または電力消費量が多い | 多い、大きい |
| | 2 | 市民生活上・作業環境上、ほとんど気にならない | 再生または資源化している（廃油、段ボールほか） | 100V電源使用、または電力消費量少ない | 少ない、小さい |
| 望ましい影響 | −2 | 環境保全への貢献度・環境リスクの低減の効果 | 微小 | | |
| | −4 | | 小さい | | |
| | −6 | | やや大きい | | |
| | −10 | | 非常に大きい | | |

**表3　環境影響の重大性評価（例）**

（注意）区分　N：通常　A：非通常　E：緊急事態　　有益な環境影響は■、有害な環境影響は×

| 設備 | 環境側面 | 排出量／使用料 | 区分 | 直接影響評価 | | | | | | 間接影響評価 | | | | リスク評価 | | | 備考（全社調整：●▲×評価） | | | | |
|---|---|---|---|---|---|---|---|---|---|---|---|---|---|---|---|---|---|---|---|---|---|
| | | | | ①大気汚染 | ②水質汚濁 | ③騒音 | ④振動 | ⑤悪臭 | ⑥その他 | 1 廃棄物 | 2 資源枯渇 | 3 地球温暖化 | 4 その他 | 発生頻度 | 結果重大性 | 総合評価 | 苦情 | 要求事項・法その他 | ライフサイクルの視点 | リスクおよび機会 | 登録の有無 |
| コンプレッサー（屋外に設置） | 電力の消費 | 通常時 | N | | | × | | | | | × | | | 5 | 4 | 20 | | ○ | | | ● |
| | | | A | | | | | | | | | | | | | | | | | | |
| | | | E | | | | | | | | | | | | | | | | | | |
| | 潤滑油の消費 | 通常時 | N | | | | | | | | | | | | | | | | | | |
| | | 点検時 | A | | × | | | | | | | | | 2 | 2 | 4 | | | | | |
| | | 故障時 | A | | | | | | | | | | | | | | | | | | |
| プラスチック廃材 | 資源の消費 | 通常時 | N | | | | | | | × | × | | | 5 | 4 | 20 | | ○ | | | ● |
| | | | A | | | | | | | | | | | | | | | | | | |
| | | | E | | | | | | | | | | | | | | | | | | |

# ISO14001の法令順守の考え方

**POINT** 環境法令や安全衛生法が都度改正され、より厳格に適用されてきている。コンプライアンスの観点からも環境法令の順守は必須要件で、顧客や社員を守る意味で軽視できない。環境マネジメントシステム活動における法令順守の要点を正しく理解しておきたい。

## Q

小石リーダーは、工場長から環境法令調査の指示を受けました。法令順守は ISO14001 の要求事項にもあり、必須と思われますが、詳しいことはよく知りません。これを機に、法令を順守するための具体的な取組み方を学びたいと考えています。

## A

### (1) 自社に関係した法令を調査して現物を確認

下記に手順を示します。

①関連法令の調査

自社の工場で公害関係規則（大気汚染、水質汚濁、土壌汚染、騒音、振動、悪臭、地盤沈下）や特定物質規制（毒物劇物、オゾン層保護、有害物質）に該当するものがあるか確認します（**表1**）。

②現場での実態調査

例えば、有機溶剤であればどの薬品をどの程度保管しているか調べます。騒音であれば、騒音計で境界地ごとに位置を決めて測定します。騒音の規制値は、条例で地域ごとに決められています。

③現場ごとに保管量の基準を決める

消防法で指定数量の規制があるものは要注意です。少量危険物倉庫でも、消防署に届けた保管量を超えると違反になります。また、毒物劇物はカギがかかる保管庫を設けるほか、定められた表示が必要になるなど保管の方法を確認しておきます。

### (2) 日々の管理方法を決める

保管数量の確認が大切です。入庫や出庫の数量を記載し、入庫時に最大保管量を超えていないか、または保管量が適正かどうかをチェックします。

例えば、消防法に規定された油脂の場合、保管庫に数量・品名・最大保管量を明示します。第2石油類の灯油であれば、200L のドラム缶2本と設定した場合、ドラム缶置き場に円を2つ描きます。つまり、最大2本しか置くことができない仕組みとするのです。

### (3) 定期的な法令の確認

自社の環境法令は最低でも年1回確認が必要です。新製品開発や生産のために有機溶剤や毒物劇物が必要になった際、速やかに管理部門へ情報が伝わる仕組みを講じます。新しい設備の導入時にはアセスメントチェックリストを作成します。

なお、産業廃棄物の廃棄や PRTR 法に該当する物質の使用時は、定期的に自治体へ報告しなければなりません。前項でも紹介した電子マニフェストを活用すると、日常管理がしやすくなります。

## 解説

自社で何が法令に関係しているか、把握することは非常に大切です。新製品などの生産開始に伴い、新しい環境物質の管理がなされていない企業が見受けられました。該当材料は、保管量を極力少なくすることで管理の負担が減ります。

このほか、安全データシート（SDS）による管理も大切です。人体に有害な薬品や物質は意外に多くあります。作業者に使わせる場合は、SDS の注意事項をきちんと伝えなければなりません。つまり、取扱方法や管理方法、皮膚に触れた場合の応急処置法などの教育が必要です。

昨今、SDGs に取り組んでいる企業や、ESG（環境・社会・ガバナンス）の観点で経営を実践している企業に注目が集まっています。従業員を募集する際も、環境にやさしい企業に応募が集まる傾向があります。すなわち企業として環境法令の順守は当然で、さらに自社基準を決めて環境負荷を極力小さくしていく努力が問われているのです。

鈴木　宣二（鈴木宣二技術士事務所）

## 表1　環境法規制等一覧表およびチェックリスト

（1回／年：見直し）

| No. | 1 | 2 | 3 | 4 |
|---|---|---|---|---|
| 確認予定日 | 初回 | | | |
| 確認日 | ＊＊年＊月＊日 | | | |
| 確認者 | 鈴木　＊＊ | | | |
| 承認 | ＊＊＊＊ | | | |

（○該当　×該当なし）

| 法規制区分 | 保護環境 | 適用法 | 条項 | 管理部門 | 担当行政機関 | 関連有無 1 | 2 | 3 | 4 | 関連内容 |
|---|---|---|---|---|---|---|---|---|---|---|
| ①土地関連 | 環境安全 | 国土利用計画法 | | | | | | | | 関係なし |
| | | 都市計画法 | | | | | | | | 〃 |
| | | 工場立地法 | | | 静岡県 | ○ | | | | 環境影響（緑地率） |
| ②環境基本法 | 自然保護 | 環境基本法 | 3〜5条 | | 〃 | ○ | | | | 環境の基本的考え |
| | | 自然環境保全法 | | | | | | | | 関係なし |
| | | 自然公園法 | | | | | | | | 〃 |
| | | 都市緑保全法 | | | | | | | | 〃 |
| | | 環境教育推進法 | 3〜8、10条 | | | | | | | 努力義務 |
| | | 環境配慮促進法 | 4〜5条 | | | | | | | 努力義務 |
| ③公害関係規制 | 公害関係全般 | 特定工場における公害防止組織の整備に関する法律 | | | | | | | | 特定工場ではない |
| | 大気汚染 | 大気汚染防止法＋県条例 | 17条 | | 浜松市 | ○ | | | | 漏電可能性ありで○ |
| | | VOC排出施設の届出 | | | | | | | | 関係なし |
| | 水質汚濁 | 水質汚濁防止法 | | | | | | | | 合併浄化槽施設なし |
| | | 下水道法 | | | | | | | | 直接関係なし |
| | | 浄化槽法 | | | 浜松市 | | | | | 合併浄化槽施設なし設備なし |
| | 土壌汚染 | 土壌の汚染に関わる環境基準について | | | | | | | | 関係なし |
| | | 農用地の土壌の汚染防止等に関する法律 | | | | | | | | 関係なし |
| | 騒音 | 騒音規制法＋県条例 | | | 浜松市 | ○ | | | | 関係あり |
| | 振動 | 振動規制法＋県条例 | | | 浜松市 | ○ | | | | 関係あり |
| | 悪臭 | 悪臭防止法 | | | | ○ | | | | 苦情なし |
| | 地盤沈下 | 工業用水法 | | | | | | | | 工業用水なし |
| | | 建物用地下水採取の規制に関わる法律 | | | 浜松市 | | | | | 井戸水の揚水なし |
| ④特定物質規制 | 毒物劇薬 | 毒物及び劇物取締法 | | | | ○ | | | | 該当物質あり |
| | オゾン層保護 | 特定物質の規制によるオゾン層保護に関する法律 | | | 浜松市 | | | | | 最新エアコンで該当なし |
| | | 特定物質の排出抑制・使用合理化指針 | | | 〃 | | | | | 〃 |
| | 有害物質 | 化学物質の審査及び製造等の規制に関する法律 | | | 労基署 | ○ | | | | 有機溶剤使用あり |
| | | ダイオキシン類対策特別措置法 | | | 静岡県知事 | | | | | 廃棄物焼却炉設置なし |
| | | 特定化学物質の環境への排出量の把握等及び整備に関する法律（PRTR法） | | | 〃 | ○ | | | | ジクロロメタン |
| ⑤廃棄物規制 | 廃棄物 | 廃棄物の処理及び清掃に関する法律 | | | 浜松市 | ○ | | | | 産廃の排出（樹脂端材、木屑、廃油、金属屑） |
| | | 再生資源の利用の促進に関する法律 | | | | | | | | 関係なし |
| | | 容器包装に係る分別収集及び再商品化の促進等に関する法律 | | | | | | | | 〃 |
| | | 特定家庭用機器再商品化法（家電リサイクル法） | 1〜3、6条 | | 経済産業省 | ○ | | | | パソコン、冷蔵庫等 |
| | | 小型家電リサイクル法 | 1〜3、6条 | | | ○ | | | | テレビなど |
| | | 自動車リサイクル法 | | | 浜松市 | ○ | | | | |
| | | 循環型社会形成基本法 | 11〜12条 | | | | | | | リサイクルに努める |
| | | グリーン購入法 | 5条 | | | | | | | 事務用品など |
| ⑥エネルギー規制 | 省エネルギー | エネルギーの使用の合理化に関する法律 | | | 浜松市 | | | | | エネルギー（電気）利用エネルギー使用量の把握（基準値未満・届け出義務なし） |
| | | 地球温暖化対策推進法 | 5〜6条 | | | | | | | 努力義務 |
| ⑦災関係規則 | 高圧ガス | 高圧ガス保安法 | | | | | | | | 未使用 |
| ⑧危険物取扱法 | 危険物 | 消防法 | | | 消防署 | ○ | | | | 少量危険物保管あり |
| | | | | | 労基署 | ○ | | | | 有機則、該当あり |
| ⑨その他の規制 | 労働安全 | 労働安全衛生法 | | | 〃 | | | | | 石綿障害予防規則該当なし |
| | 放射線 | 放射線障害防止法 | | | | | | | | 該当なし |
| | 電波障害 | 電波法 | | | 総務省 | | | | | 建物影響なし |
| | 電波障害 | 建築基準法 | | | 静岡県 | | | | | 建物影響なし |
| | 日照 | 建築基準法 | | | | | | | | 建物影響なし |
| | 公害関係 | 静岡県公害防止条例 | | | 静岡県 | | | | | 該当設備なし |
| ⑩条例 | | 静岡県環境基本条例 | | | 〃 | | | | | 直接関係しない |
| | | 静岡県環境美化条例 | | | 〃 | | | | | 直接関係しない |

# CSR レポートを公表する

**POINT** 環境報告書が含まれたCSRレポートを、企業は世間に広く公表するようになってきた。このレポートは、社会的責任を果たすために企業の考え方や活動の実態を、第三者に公表するものである。すなわち、自社の活動状況を知ってもらう最善のツールと位置づけられる。

## Q

小石リーダーは、会社で取り組んでいる環境対策を含めたCSR（企業の社会的責任）の実態について公表するように、トップから指示を受けました。CSRの公表はどのような意味を持ち、どのような効果があるか知りたいと思っています。

## A

### (1) CSR への取組みの重要性

2000年以降に法令違反など大企業の不祥事が多発し、CSRの必要性が喧伝されました（図1）。これに伴い、情報の開示要求も高まってきました。

一方、CSRの取組み状況で投資判断をするSRIファンド（社会的責任投資）が広まりました。SRIは企業の株式投資で、利益以外にも企業の環境対応や社会的活動などで評価し、投資先を決めるものです。また、ISO26000（組織の社会的責任に関する国際規格）の発行もCSRが重視される契機となりました。組織が尊重すべき社会的責任は、「説明責任」「透明性」「倫理的な行動」「ステークホルダーの利害の尊重」「法の支配の尊重」「国際行動規範の尊重」「人権の尊重」の7つです。

### (2) CSR の 5 段階

マズローの欲求5段階説になぞらえ、CSRの5段階を図2のように示しました。第1段階はコンプライアンスの順守です。次は、自社製品の品質改善やアフターサービス向上が当てはまります。市場クレームが頻発している企業は、第2段階も達していないことを意味します。そして、第3段階は環境の向上です。環境を広義にとらえ、地球環境保護と会社環境に区分します。地球環境保護は、$CO_2$排出量の削減などが該当します。会社環境とは従業員の雇用確保や能力開発、労働安全衛生などを指し、従業員満足経営が望まれます。

第4段階はいわゆる社会貢献活動で、無償で奉仕を行うものです。最後の第5段階は、企業価値創造です。自社の経営理念や経営哲学をベースに、企業のあるべき姿を全従業員で追求します。

### (3) CSR を活かす経営

"生きたCSR活動"を展開するには、まず自社の企業理念や企業哲学から自社に合ったCSR理念や目的を決めて、着実に実行に移すことに尽きます。次に、図3に示した「自社のCSRテーマ」を企業理念や企業哲学から決めます。続けて、CSR5段階から自社の立ち位置を決めてスタートするのです。この立ち位置がわかれば、自社のあるべき姿を求めて全員でスパイラルに改善を継続させます。

### (4) CSR レポートの効果

企業活動そのものであるCSRレポートは、企業ブランドイメージを飛躍的に高める効果があります。情報開示により、攻めのCSR展開ができます。すなわち自社に関係したあらゆるステークホルダーに対して顧客満足を狙い、自社の活動を積極的に開示すると購買層が増えてきます。

またCSRレポートにより、トップが約束したコミットメントを必ず実現させるという機運が社内に芽生えます。これに伴ってCSR活動の4段階に示したように、社会貢献活動に弾みがつきます。

### 解説

CSRにより消費者が企業を比較しやすくなります。好評価であれば企業はブランドイメージを向上できますが、逆だと消費購買に悪影響を及ぼしかねません。また、社内でも環境保全活動や社会貢献活動が重視されるため、社員のモチベーションアップに寄与するのは間違いありません。

鈴木　宣二（鈴木宣二技術士事務所）

## 図1　CSRの必要性

| ①企業の不祥事多発 |
|---|
| ②情報開示の必要性 |
| ③SRIファンドの広まり |
| ④ISO26000：2010発行 |
| ⑤社会的貢献の高まり |

CSR（Corporate Social Responsibility）
が必須となった。

## 図2　CSR活動の5段階

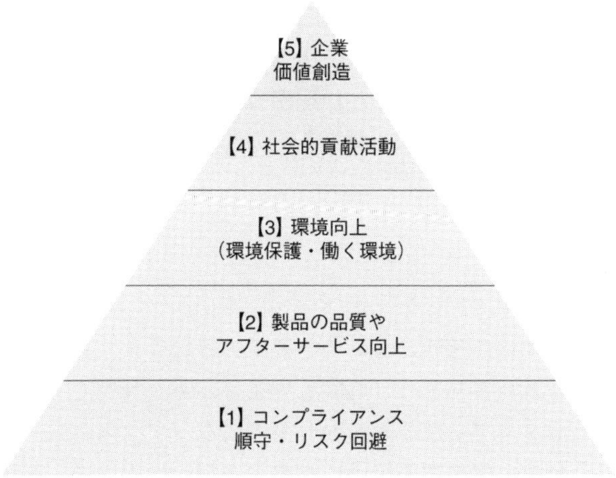

【5】企業
価値創造

【4】社会的貢献活動

【3】環境向上
（環境保護・働く環境）

【2】製品の品質や
アフターサービス向上

【1】コンプライアンス
順守・リスク回避

## 図3　CSRのテーマ例

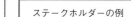

ステークホルダーの例

| 顧客 | 株主・投資家 | 従業員 |
|---|---|---|
| 仕入先・協力会社 | 販売会社 | ライバル会社 |
| 行政（国・地方） | 国内社会 | 国際社会 |

ステークホルダー（例）

(1)商品関連
　・適正価格
　・良い品質
　・安心・安全
　・アフターサービス
　・顧客満足の実現
　・精緻な広告宣伝
(2)従業員施策
　・雇用維持
　・能力開発
　・健康・労働安全
　・公正な評価
　・ワークライフバランス
　・パワハラ禁止
　・セクハラ禁止
(3)個人情報
　・個人情報保護

共通のテーマ（例）

(1)コンプライアンス順守
　・法令順守
(2)情報開示
　・正確な会計記録
　・情報開示
　・適正な利益配分
(3)環境
　・地球環境保護（ISO14001目標と実績）
　・会社環境
(4)コーポレートガバナンス
　・企業不祥事件対策
　・企業価値向上
　・企業の社会的支援
(5)リスクマネジメント
　・火災、自然災害対応
　・金融危機、経済対応危機
　・情報セキュリティ対応

**POINT** 蒸気や電気に比べて「工場エアーの省エネ」が遅れているのは、生産トラブルを誘発しやすいことが理由である。現場での圧力低下とエアー消費量の削減、エアー品質（オイル・水・ダストへの対応）の向上で効果を積み上げ、省エネの宝の山を掘り当てよう。

## Q

工場では、照明の減灯や不要時の機械停止、蒸気の漏れ対策など、この間も省エネルギー対策を励行してきています。しかし最近になって、新しい取組みに着手するように課長から指示を受けました。小石リーダーには、改善アプローチについて方策がさっぱり浮かんできません。

## A

工場エアーシステムとは、空気をコンプレッサー（圧縮機）で圧縮し、ドライヤーやフィルターを経て工場配管を通じ、製造装置や機械に導き、モノづくりに使う全体の系のことを言います（イラスト1）。「コンプレッサーの運転方法とインバーター化」「現場使用時の圧力低下」「エアー消費量の低減」「エアー品質の向上」という4要素が相互に関連して省エネを実現します。

**⑴ 製造現場の圧力低下による省エネ**

まず、許容範囲まで元圧を下げてみます。0.1MPa下げることで5〜8％動力削減となり、同時にエアーブロー個所のエアー消費量が下がり、コンプレッサーの動力が低減して省エネとなります。また、コンプレッサーから現場の装置に至る途中の圧力損失を減らすと、その分コンプレッサー圧力を下げられ、コンプレッサーの動力が減って省エネが実現します。製造現場では、以下のアプローチでエアーの省エネ化を進めていきます。

　①圧力計の取り付けによる「見える化」
　②装置から上流に遡って圧力損失を低減
　③圧力損失低減分のコンプレッサー圧力を低下
　④レシーバータンクの増設による圧力変動低減

**⑵ エアー漏れの低減により消費量を減らす**

工場の未操業時に、レシーバータンクの圧力が0.1MPa下がるのに何分かかるか計測します。そして、エアー漏れ改善後に再度測って比較します。この時間が長くなれば、改善されていることになります。配管容量を計算すると、漏れ量が把握できるのです（図1）。音でエアー漏れ個所を探索し、増し締めや部品交換などで対処します。

**⑶ エアー品質の3要素がもたらすトラブルと対策**

　①オイル（油）

エアーにオイルが入ると、生産性低下や品質不良、圧力損失の増大に伴うムダの悪化を招きます。例えば、塗装工程で水洗浄した部品をエアーで水切り・乾燥・塗料の吹き付けを行うと、オイルと水は塗装不良の要因となります（イラスト2）。そこで、コンプレッサーをオイルフリー（潤滑油を噴霧しない）タイプに更新します。オイルフィルターが不要のため圧力損失が減ります。

　②水（ドレン）

コンプレッサーで空気を圧縮し、アフタークーラーなどで冷やすと大量の水がとれます。夏場はこの水により生産性低下と製品品質に悪影響が及ぶため、冷凍式ドライヤーを設置して対処します。

　③ダスト（ホコリ）

コンプレッサーの吸入空気中のダストや配管のサビ片による影響は、ダストフィルターがあれば問題にはなりません。フィルターに差圧計をつけ、0.03MPa程度でエレメントを交換するようにします。

### 解説

工場エアーの省エネは、生産に支障をきたすことが多くそれほど進んでいません。確かな効果を引き出すには、エアーの性格を把握した上で、エアーの使用側と供給側双方の協力の下に工夫をして取り組むとよいでしょう。

岩佐　昌哉（アイビーシー有限会社）

イラスト1　工場エアーシステムの例

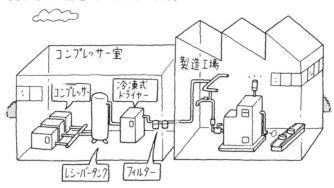

## 図1　エアー漏れ状態の認識

エアー漏れが約30%ある、機械部品工場での実測例である。保有コンプレッサーは、75kW（12.3m³/min）×6台、37kW（6.1m³/min）×2台

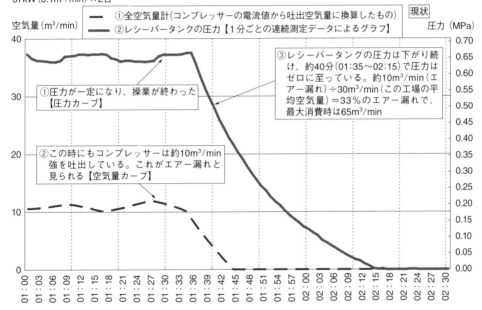

空気量（m³/min）

—— ①全空気量計（コンプレッサーの電流値から吐出空気量に換算したもの）

—— ②レシーバータンクの圧力【1分ごとの連続測定データによるグラフ】

現状

圧力（MPa）

①圧力が一定になり、操業が終わった【圧力カーブ】

②この時にもコンプレッサーは約10m³/min強を吐出している。これがエアー漏れと見られる【空気量カーブ】

③レシーバータンクの圧力は下がり続け、約40分（01:35〜02:15）で圧力はゼロに至っている。約10m³/min（エアー漏れ）÷30m³/min（この工場の平均空気量）＝33％のエアー漏れで、最大消費時は65m³/min

イラスト2　エアー品質の3要素と携帯電話の塗装

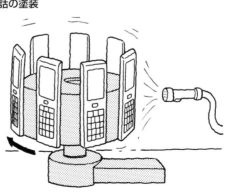

樹脂成形された携帯は、水洗浄される。その後、水切り工程、乾燥工程、塗装工程のすべてでエアーが主役である。主役がオイル、水、ダストを含んでいると不良率が上がる

# 自主保全で自分の機械を守る

**POINT** 自主保全とは、運転部門がメインとなって行う設備保全活動である。正しい操作や日常の点検により、設備を維持していくための基本条件を整備して「設備のあるべき姿」を実現していくとともに、設備を教材として「作業員の意識改革」を図っていく。

## Q

この職場では運転操作はできるものの、設備異常の兆候判断ができないため、「私、運転する人」「あなた、直す人」の考え方が根づき、設備を故障させる状況も生まれています。小石リーダーとしては、運転する人がある程度設備を保全し、補修するよう、「自主保全」の体制に持っていきたいと考えています。

## A

### ⑴ グループの運動とする

リーダーが個別に指導しても、うまくいきません。グループ、できれば工場全体で「設備を大切にする運動」を始めます。効果についてグループまたは個人別に競争させて、優れた活動には表彰します。個別にはできないことも、競争すればできることが多いのです。運動では、リーダー以外の推進スタッフの働きがキーポイントになるため、設備に詳しい人を担当させたいところです。

### ⑵ 役割をはっきりさせる

1人で多くの設備を見るわけにはいきません。「マイマシン」を定め、各人の役割を明確にします。余分の仕事とは受け取らないで、業務の一部に位置づけて、成果は評価の対象とします。

### ⑶ 設備教育をしっかり行う

作業員は経験的に該当設備の作動に通じていますが、設備の構造、機能を体系的に理解しているとは言えません。新しい役割を課するわけですから、理論も含めた計画的な教育が初めに必要です。今、使用している設備点検表を参照しながら行う方法は効果的です。

教育は机上だけでなく、設備の前でも行います。設備担当者または機械メーカーによる実地指導が必須です（イラスト1）。

### ⑷ 簡単なことから始める

ボルトやねじの増締め、パッキングの交換、液漏れ・ガス漏れの小修理、ベルトの交換、バルブの交換、金型部品の交換、バイトの研磨などは、とりあえず自主保全の対象と考えられます。

### ⑸ 故障原因の多い項目に着目する

例えば、故障原因として駆動部が多いならば、その問題から入っていくと故障件数の減り方が顕著で、モチベーションが高まります。

### ⑹ 専門保全の分野にも理解を深める

専門保全ではITを駆使した振動解析や音響解析、温度分布などが利用されていますので、データの理解を心がけるようにします。

## 解説

自主保全の効果をイメージすると、活動に弾みがつきます（イラスト2）。

### ⑴ 無理な運転が避けられる

作業員が設備を理解することで、設備が故障しないよう注意します。そのため、機械的に無理な運転が避けられます。

### ⑵ 修繕費が削減できる

小さい故障でもその都度、専門家を呼んでいたケースがなくなるため、修繕費が削減できます。

### ⑶ 早期修理にメリットがある

早期に修理すれば、故障が故障を呼ぶ連鎖が避けられます。また、立上げがスムースになり、稼働率向上に効果があります。

### ⑷ 設備点検の精度が高まる

知識、理屈の裏づけのある正しい点検が可能となり、業務効率の向上に寄与します。

澤田　弘道（ベルヒュード国際経営研究所）

イラスト1　作業員は設備の専門家ではないので、「難しいことをわかりやすく」伝えるよう工夫しましょう

イラスト2　自主保全活動の前と後

# 正しい設備点検をする

**POINT** 設備は新しいうちは適正であっても、使用時間の経過とともに材質が劣化したり、部材が摩耗したりして機能が低下する。そこで、これらの物的欠陥をいち早く発見することが必要で、「設備点検」は生産続行上欠かせない。

## Q

小石リーダーは、設備の点検がこのままでよいかいつも不安に思っています。点検して問題はないはずなのに、すぐ故障することがあります。どうも点検方法が不適切だと思うのですが、的確な指示が出せません。このままでは、生産に支障をきたすのは目に見えています。

## A

### (1) 設備点検実施の前に

①点検者には、対象となる設備の構造や機能を理解させる教育が必要です。点検に関する疑問の解決を進めます。

②点検技術にはある程度の経験と熟練が必要です。新人には、ベテランによる現場でのフォローが欠かせません（イラスト1）。

③今までの故障や事故事例を整理して頭に入れます。

### (2) 点検表作成と実施上のポイント

①点検量や項目は、要員や点検時間のことを考えて作成します。長年の惰性で、あまり重要でないものを点検している場合もあります。

②点検表は現行設備、現行の作業方法に基づいて改訂します。設備、作業方法は製品の改良や工程の改善などにより変更があり、永久不変ではありません。

③点検者の点検に対する目的意識、理解を高めます。点検表は上司かスタッフがつくるとしても、安全ミーティングなどで全員参加の意識を持たせ、なるべく多くの人の意見を入れます。点検実施者はそのまま受け取らず、十分理解し、自分の意見を反映させます。点検者にはなぜ点検するのか、その意義を理解させます。

④記入の際、前回の結果を過信してはいけません。新しい発見は面倒な仕事につながると考える人もいます。どこか具合の悪いところはないか考えながら、あえて悪いところを探ります。設備は、放置すれば必ず故障し、事故や災害に結びつくと考えて点検します（図1）。

⑤点検結果に対して、良否の判断基準を明確にします。

⑥点検結果を職制がきっちりフォローします。問題ありそうな場合でも、アクションが面倒だからと放置するようなことはしません。是正措置はメンバーで共有化します。

### 解説

設備点検で最も陥りやすい問題点は、点検の形骸化です。通常、点検作業がうまく行われていれば結果にほとんど差がなく、また作業自体が単調で刺激がないこともあって、ほかの日常業務の中に埋没しやすく、形骸化しやすい傾向にあります。

通常、点検は作業者自身が日常使用する機械設備について行いますが、現場監督者もまた、その監督下にある機械設備について、定期的にあるいは随時点検結果を確認し、自ら実施してみることです。作業者が見落としている不安全状態を発見したら、それに基づいて必要な指導を行わなければなりません。特に経験の浅い作業者ほど、機械設備は放っておいても問題なく動くもの、と決めてかかっている人が多いのです。また、人は100％は指示した通りには動かないものであり、点検作業の監督には格段の配慮が必要です。ひとたび事故が起これば、監督者自身にツケが回ってくることを覚悟しておかなければなりません。

澤田　弘道（ベルヒュード国際経営研究所）

イラスト1 点検は技術・技能の伝承が決め手

図1 点検の効果

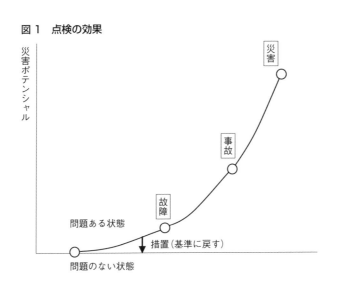

**POINT** 設備導入に際しては生産ラインを的確に設計し、試運転をスムーズに行い、操業の垂直立上げを実現することが求められる。そのためには、企画設計の段階から製造現場の知恵を入れ、関係者が協力して設備を構築していくことが重要である。

## Q

最近、小石リーダーの職場でも、新製品や新品種を製造するための新しい設備導入が増えてきました。これらの機器の試運転時に、「もっと運転しやすいレイアウトにしておけばよかった」と思うことがたびたびあります。また、開発・設計の人から、新製品の製造に今の機器が使えないかという質問も多くなってきました。製造担当としてこれらの事柄に的確に対応するために、どのようにすればよいか悩んでいます。

## A

図1に、新事業開発の各段階における主要な実施項目と製造担当に関係する検討項目を示します。

新製品開発のプロジェクトは、応用研究が終了した時点から設備の試運転が終了し、安定運転に入った時点までで終了します。企画段階で製品原価の60～70％が決定されると言われています。したがって、プロジェクトの初期の企画計画段階で、工場現場のノウハウや知恵を入れて、低い製品コストを実現することが大切です。以下、図1の下段に示した製造担当の検討項目について、考えていきましょう。

### (1) 企画設計にも現場の知恵を入れよう

まず、新事業立案にあたっては、顧客の新製品に対する要望を調査しますが、生産方法の問題については製造担当が最も詳しく、営業担当と一緒に調査するのが効果的です。

次に、新製品の企画が具体的に進んできたときに、製造設備や製品について事前評価を詳しく行う必要がありますが、製造に関係する事柄が数多くあります。特に環境・安全対策については、周辺住民に与える影響を含めて詳しく評価しなければなりません。既設工場内の増設はもちろんのこと、新工場建設の場合にも製造経験者の知識が必要です。これらのことを含めて、企画設計担当者を支援することが大切です。

### (2) 設備設計時に製造の知恵を入れよう

最近では、たいていのエンジニアリング会社や機器メーカーで、3次元CADを利用した設計が主流となっていますが、これは設計の専門家のみが利用するものではありません。2次元の図面が読めない人でも、3次元の立体図を見ると理解できるものです。例えば、3次元で描かれた配置図、配管図を製造の人が確認すると、操作性が良いか悪いかがわかります。建設工事の前に製造の意見を入れ、必要に応じて修正させましょう。

機器の制御についても、種々のシミュレーションが実現しています。これを利用して作業標準書や作業指導書をつくり、作業員を指導することが試運転の垂直立上げにつながります。効率的な立上げ支援のためのデジタルツールも整備されてきました。

### 解説

ここで述べたことは、企画、設計、製造の各部門の担当者が協力して作業を行うことを意味します。このため、定常組織を横断して編成されるクロスファンクショナルな組織で、効率的な組織運用を行います。また、コンカレントエンジニアリングは米国で開発された方法で、企画開発から操業、廃棄に至る全段階に関連する部門が、最初の段階から参加・協働する活動を言います。合理的な製造や建設の方法を企画設計に反映することができ、プロジェクト期間が短縮され、同時にコスト削減を可能にするものです。

大石　哲夫（大石コンサルタント）

**図1　新事業開発の各段階における主要実施項目**

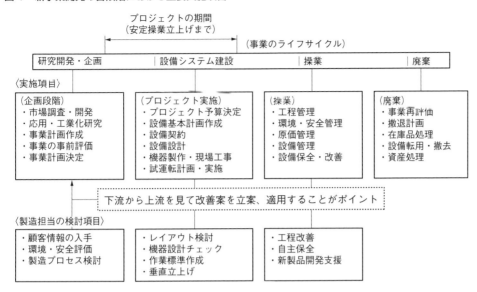

# 率先垂範する

**POINT** 小は2人から、大は何万人もの組織に至るまで、リーダーとなる人には組織をまとめ上げる能力と責任が求められる。そのためには、まずは部下に要求することを、自ら率先してやっていく態度が必要である。

## Q

小石リーダーには、どの機械を操作しても、精度の高い加工ができる自信があります。実際、部下たちから操作の仕方を聞かれても、100％やって見せることができます。しかし、組織のリーダーとなると技能以外のこと、すなわち規律を守ることや上からの指示に従うことなど、部下たちに要求することが多くなります。そして、時にはなかなか言うことを守らない人も出てきて困っています。

## A

### (1) ルールを自ら守る

上司が言ったこと、特に職場のルールを守らない人がいるのは困ったものです。厳しく躾なければなりません。

その場合、厳罰からちょっとした注意に至るまで、ルール違反の程度によって適宜対処することになりますが、一方でリーダー自身がルールを守ることにより、部下に教えることも必要です。「組織づくり1〜3」項では、組織の一員として守らなければならない事項について説明していますが、これらをリーダー自身が率先して守り、メンバーに見せることが大事です。すなわち、以下のような項目です。

①作業手順を守る

守るだけでなく、不備な点を発見したらただちに上司へ報告し、意見具申します。

②マナーとエチケットを守る

お客様にあいさつをします。

③ホウレンソウを実行する

上司から指示されたことは、必ず結果を報告します。問題を発見したときは必ず状況を伝えます。

④残業は上司の指示の下に行う

自分勝手な判断で残業をしてはいけません。

### (2) 基本を自ら守る

このほか、安全や5Sなどの基本的な決まり事についても率先して守り、実行しましょう。例えば、安全管理については指差呼称を自ら大声で行い、決められた保護具は正しく着用します。

5Sについては、身の回りや机の回りの整理・整頓をきちんとやります。服装の5S（決められた作業服を着用し、汚いままにしない、ボタンをきちんとかけるなど）も守ります。

改善提案については、月何件以上という目標を部下に示すなら、自らもそれ以上の実績を示します。特に5Sについては、机の上にファイルを乱雑に置いたり、床のゴミを放置したりすると目立ちます。これでは、部下からの信頼を失うこととなります。

### 解説

組織のリーダーにとって「望ましい資質」「望ましい姿」「あるべき理想像」についてアンケートなどを行うと、ビジョンをつくる能力、人間としての魅力などと同時に、「言行一致」が必ず挙げられます。

やると言った目標を必ずやり遂げるとか、約束したこと（上に対しても、下に対しても）を必ず守るなどの内容を意味しますが、部下に対して要求することは自らも実行する、ということも当然含まれています。

部下に対してはルールやマナーを厳しく要求するのに、自分に対してはいい加減というのでは、信頼を失うことは間違いありません。

島 雄（島コンサルティングサービス）

**POINT** 毎日が部下との対話に明け暮れるリーダーにとって、部下との間の信頼関係が重要であることは言うまでもない。仕事を指示する、ボーナスを渡す、転勤を言い渡す。そういうときに信頼関係がなかったら、どうなるか。想像するだけでもぞっとする。

## Q

組織のリーダーにとって、部下や上司との信頼関係が大切なことは、小石リーダーにもよくわかっています。幸い、彼の技能者としての実績は周囲からも目を見張らせるものがあり、その点での信頼は問題ないと自負しています。加えて、遅くまで残業したときなどは部下を食事に誘うこともあり、そういう場では冗談も飛ばして、いい兄貴分のような存在になっています。時には、若い人の愚痴や不満も聞いてあげます。彼は、もっと信頼関係を高めたいと思っていますし、若い新入社員ともうまくやっていきたいと考えていて、どうすればよいかヒントを求めています。

## A

どういう人が信頼感を持たれるのでしょうか。いくつも挙げることができますが、ここでは5つに絞ってみます。

**⑴ 仕事のできる人**

何と言っても、現場としては技能的に優れていることが信頼の原点でしょう。こういう人は往々にして仕事に厳しいため、一見嫌われがちですが、仕事上で困ったときに素早く指導してくれる頼りがいを、部下全員が求めているはずです。

**⑵ 自分の信念を持っている人**

信念や信条のない人は、何かにつけて他人のせいにします。その結果、上にも下にも付和雷同することが多く、リーダーシップがとれません。

仕事に自信のある人は、現場が順調なときは部下に任せ、異常が発生したときは先頭に立って指揮をとります。この逆に、他人の成果を自分の成果にし、自分の失敗を他人のせいにする人がいますが、とんでもないことです。

**⑶ 約束を守る人**

一番にリーダーとして困るのは、言うこと―特に指示―がコロコロ変わる人です。状況が変わって、指示したことを変えなければならないこともありますが、そういうときにはきちんと状況を説明し、納得させます。

**⑷ 感情的にならない人**

自分の思い通りにならないときに、感情的になる人は信頼されません。ただし、例えば時間を守らないとか、手抜きをしたとか、これは許せないと思われる一線を越えた部下には、厳しく指導しなければなりません。

**⑸ 3現主義を守る人**

現場の立場や現実に起きている現象を無視して、空論や「ベキ論」を振りかざす人は、一見理論性があって頼もしく見えそうです。しかし、汗を流して働く現場の人からは信頼を得られません（46ページ参照）。

## 解説

現場の作業員は、難しい理屈や回りくどい説明を嫌います。人、特に上司やスタッフを見る場合、自分たちの立場や意見を尊重し、その原則に立って指示なり指導してくれるかどうかを注目しています。

仕事の場だけでは、意思疎通が図れないこともあります。そのため食事をともにするような、インフォーマルな付き合いも必要となります。そういう場で、お互いのホンネを言い合うことも大事です。ただ、あくまでこれは潤滑油です。潤滑油がなければ歯車は回りませんが、潤滑油が歯車なのではありません。結局は、仕事の上で信頼関係を築くことが基本と言えます。

島　雄（島コンサルティングサービス）

# リーダーシップを発揮する

**POINT** リーダーシップとは何か？　ただガミガミ叱りつけたり、指示したりすることではない。任せることと任せられないこととをはっきり区別し、責任をとる。これが真のリーダーシップと言える。

## Q

リーダーになってから、小石さんは仕事の段取りややり方、5S の取組みなど、部下に指示することが多くなりました。しかし、あまり厳しく言うと反感を持たれるのではないかと心配する一方、やさし過ぎてもいけないと受け止めています。理想的なリーダーシップとはどういうことなのか、教えてほしいと思っています。

## A

### (1) 理想的なリーダーシップとは

残念ながら、そのようなものはありません。仮に書いたとしても、絵空事しかないでしょう。よく鬼職長とか仏の課長とか言いますが、どちらが理想的というのでなく、そのリーダーの個性であり、むしろ個性をはっきりと発揮するのがリーダーシップの1つです。

とはいうものの、リーダーシップのとり方で、注意すべき点はいくつかあります。代表的な2つを挙げましょう。

### (2) 決断するということ

リーダーシップは、仕事の実行面だけで捉われがちですが、意思決定という場面もあります。意思決定における優れたリーダーシップとは、「決断」ということです。100点満点を期待するあまり優柔不断なのは、60点でも決心することに比べ、組織にとっては悪いことなのです。

### (3) 仕事を任せるということ

仕事の進め方では、どこまでを部下に任せ、どこまでは任せないかを決め、実行していくことがリーダーシップと言えます。

大まかに言えば、仕事が定常的に平穏に進んでいるときは、あまり箸の上げ下ろしに口を挟まず、できるだけ作業者に任せましょう。作業者も、何から何まで指示をされるより、自分自身の判断で動きたいものです。もちろん、放任するのでなく、作業標準に従わない作業には注意を与えます。

一方、何か異変が起きたときは率先して対処します。例えば規格外が発生したとき、機械が故障したときなどは、現場でてきぱきと指示して処置します。まして、災害など緊急事態が発生した場合は、関係部署に連絡をとり、陣頭指揮をとらなければなりません。

## 解説

「A」で述べたように、理想的なリーダーシップというものはありませんが、大まかに分ければ、次の2つになるでしょう。これも、それぞれどちらが良いというものではなく、1人ひとりの持ち味と言うべきでしょう。状況によって使い分けるとか、自分はどのタイプに属し、どういう長所欠点があるかを認識しておきましょう（表1, 2）。

### (1) 切り込み隊長型

全員の先頭に立って進撃するタイプです。困難なときにも、リスクを一身に背負います。思わぬ異常事態が起きても、とっさの判断で対応します。いささか事前の深慮や部下との意思疎通は不得手ですが、いざという時に他人に責任を被せ、逃げてしまうリーダーよりはるかに信頼されます。

### (2) 指揮者型

うるさい部下たちを手際良く手なづけ、組織化していくタイプです。技能・技術的にも尊敬され、管理にも長けているが、時にはワンマン的な一面も出ます。しかし、頑固一徹だけのリーダーよりもはるかに組織づくりがうまく、したがって実績を上げることができます。

島　雄（島コンサルティングサービス）

表1　リーダーシップのスタイル

| 人間関係に対する関心 | 高 | 思いやり型 | 思いやり的準理想型 | 理想型 |
|---|---|---|---|---|
| | 中 | 準思いやり型 | 中庸型 | 仕事中心型、理想型 |
| | 低 | 消極型 | 準仕事中心型 | 仕事中心型 |
| | | 低 | 中 | 高 |
| | | | 業績に対する関心 | |

表2　リーダーのいろいろなスタイル

| | 意思決定 | 人材育成 |
|---|---|---|
| 猪突猛進型 | 即決力があり、てきぱきと仕事を運ぶ | ついて来させる |
| ロマンチスト型 | 将来のビジョンを大切にする | 夢を持たせる |
| リアリスト型 | 自分の経験を重視する | 現実的、具体的な対応の仕方を教える |
| 学者型 | 広く情報を分析し、慎重に判断する | 静かに説得する |
| 几帳面型 | 100％の確率でないと決心しない | 一挙手一投足を監視し、注意する |
| ヒューマニスト型 | 他人の意見を尊重する | 人の長所を伸ばす |

# 現場の中期計画

**POINT** 製造現場は、日々の業務がもたらす多忙感の中で、埋没しているのではなかろうか。その延長で、はたして現場に未来はあるのか。少なくとも3年後のイメージをメンバー間で共有化して取り組むため、中期計画を策定する必要がある。

## Q

小石リーダーは、工場長から「日常業務ばかりやっていてはダメだ。3年先を見た現場の中期計画はどうなっている？」と迫られています。中期計画と言っても、どう取り組んでよいか手が着けられません。今までは、その日その日で問題なければ、それでよいと思っていたのですが…。

## A

中期計画とは3年後のあるべき姿を描き、1年目、2年目、3年目の課題と目標を設定することです。

### (1) 中期計画作成の手順

①製品の品種、品質、生産量、価格、立地条件、設備など、製造現場の3年後のあるべき姿を描き、リーダーの考えをまとめます。全般的な工場長の経営方針や中期計画に基づいた自職場の位置付けを踏まえ、各論でどれだけ具体化できるかがポイントです。リーダーの考えが定まっていないと、部下もどう考えたらよいかわかりません。

②自分の部下、スタッフからも意見をくみ取ります。

③製造現場の場合、条件をほかから与えられることが多いので、すべてが受け身になりがちです。経営、営業、顧客、地域、法規など確度の高い関連情報を取りに行く努力をします。特に経営、営業とは、とことん議論を重ねます。経営者、営業部門と言えども、明確な見通しを持っているとは限りません。そこに議論のやりとりの余地があるのです。製造現場の実情を踏まえ、ビジョンを抱きながら、積極的に意見を展開する勇気を持ちましょう。

### (2) いつから議論を始めるか

中期計画策定のための会議は、日常業務と切り離し、「戦略会議」として行います。3月期決算の企業ならば、4月から計画がスタートするので、正月休みの間に考えた上で1月中旬から始めないと間に合いません。

### (3) 当面の計画からの積み上げは

逆に当面の計画をベースに組み立てるやり方は、実現性には優れていますが、リーダーのビジョンが明確になりにくい欠点があります。

### (4) 年度計画との関連は

中期計画が策定できたら、1年目の実行計画を作成します。1年目の計画は、実現性が高いものでなければなりません。2年目の始めには当初の3年計画を見直します。3年目の始めには1年を残していますが、新しい3年計画を策定します（図1）。

### (5) 計画の項目

計画（様式は表1に示す）には生産計画（数量・品種）、品質計画、設備計画、要員計画（人員・人事・登用）を含みます。

### (6) 競合他社との優位性は

計画達成時での優位性を吟味して、正式のものとします。自工場の強みや弱みを認識します。

## 解説

中期計画の趣旨は、リーダーを中心として3年かけてチャレンジすることに意味があります。当面、実現の見通しがある課題を進めるだけならば、それは仕事ではなく、作業に過ぎないと割り切りましょう。日常業務だけに埋没せず、チームが3年後の夢を抱いて活動し、リーダーがその中核となるのは楽しいことではありませんか。

澤田　弘道（ベルヒュード国際経営研究所）

図1　年度計画との関連

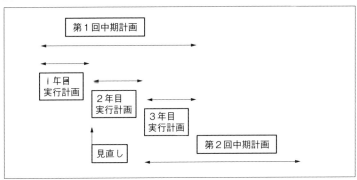

表1　中期計画の様式例

| 第○回中期計画 | | | | |
|---|---|---|---|---|
| 3年後の将来像のステートメント | | | | |
| 中期目標 | 主要課題 | 各年度の実行計画 | | 達成時期 |
| | | 1年目実行計画 | | |
| | | | | |
| | | 2年目実行計画 | | |
| | | | | |
| | | 3年目実行計画 | | |
| | | | | |

朝礼を活用しよう

**POINT** 朝、1日の仕事に就く前にメンバーが集まり、「さあ、今日も無事故で頑張ろう」とあいさつを交わすのは、すがすがしい時間である。いろいろな伝達事項の連絡をするのと同時に、部下たちの健康状態を読み取るための良い機会である。

## Q

XY工業の工場は、朝8時半に仕事が始まります。職場ごと、グループごとに集まると、スピーカーからラジオ体操の曲が流れます。一斉に体をほぐし、その後はグループそれぞれ独自のやり方で、連絡事項を説明するなどします。小石リーダーも、事務所から通達のあった事項を説明しますが、1日1回、全員が顔をそろえる機会なので、もう少し良い工夫はないものかと考えています。

## A

この工場のように、就業前に一斉に10分とか15分とかを朝礼に充てる工場は少なくありません。朝、「さあ、今日も元気で仕事をしよう」という雰囲気にみなぎる一時は、とても気持ちのいい時間です。

でも、雰囲気に浸るだけでなく、次に挙げるように有効にその時間を使いましょう。

### (1) 本社や事務所からの連絡事項

「○月○日は健康診断の日です。漏れなく受診してください」という連絡です。リーダーは、朝出勤すれば必ず連絡事項がないか確認します。少しでも疑問があれば、発信元に確認します。

### (2) 1日の生産計画

「××という製品の受注が増えています。営業によると、これを使った商品が、ボーナス期なので注文が増えていくそうです」という伝達です。このように、お客様の動向なども伝えましょう。

機械の担当やシフトなどが量や品目によって変わる職場では、各自の担当をここで徹底します。

### (3) 今日のポイント

「今日は、15時頃にPQ社から見学に来られるそうです。課長が案内しますので、みなさんは通常通り仕事をしてください。来られたら、あいさつは忘れずにお願いします」という報告も大切です。

### (4) カイゼン活動の状況

「事務局によると、今月の提案件数はA君が工場トップだそうです。スゴイね、A君。来月も頼むよ」と共有します。誰かをほめるときは、全員の前で行うことで、他の人の刺激にもなることがあります。A君は頭を下げて照れています。

### (5) 自分の意見

「今朝の新聞を見ると、近くで交通事故があったようです。自動車通勤のBさん、気をつけてくださいね」というちょっとしたコメントは、B君にとってありがたい気配りとなります。

### (6) 1分間スピーチ

輪番制で、思っていることや時の話題、何でもいいからひと言しゃべってもらい、自分なりの意見を持つことと、発表することに慣れてもらいます。ただし、人前で話をすることが苦手な人もいますから、フォローを忘れないようにしましょう。

### (7) 安全ミーティング

朝礼の最後は安全コールで締めくくります。腰に手を当て、一斉に「今日の安全標語」を唱和した後、「ゼロ災害で行こう、ヨシ！」と、大きな声の指差で締めくくるのです。

## 解説

朝礼の趣旨は、上記のように諸連絡事項の徹底が主ですが、リーダーにとっては、メンバーの体調や心理状態を知る絶好の機会です。全員の顔色や動作、声などを観察し、少しでも不安のある場合は激しい労働を避けるなどの配慮をしましょう。

島　雄（島コンサルティングサービス）

# カイゼン活動を定着させよう

**POINT** カイゼン活動を始めた当初は成果が出ても、次第にマンネリ化し、ついには元の木阿弥になることがよくある。根本原因は、カイゼン活動を仕事とは別のもの、と考えていることである。仕事と同様に制度化し、PDCA サイクルを回せば継続する。

## Q

小石リーダーは、5S 活動で PDCA サイクルをきっちり回し、セオリー通りにやれば継続することを学びました（60 ページ参照）。ということは、改善提案やほかのカイゼン活動でも同様ではないか、と思いつきました。

## A

### ⑴ カイゼン活動の PDCA サイクルを回す

小石リーダーが考えている通りです。

基本的に、カイゼン活動は「仕事とは別」であってはなりません。「仕事が忙しくて、カイゼンなどできない」という意見は本来、本末転倒なのです。

仕事を進めるに当たっては、

　①まず、（日、週、月単位での）目標（生産量）が示される（P：計画）

　②作業標準に則り製品をつくる（D：実施）

　③（日、週、月単位での）実績を報告する（C：チェック）

　④トラブルや目標未達があったときは原因を追及し、対策を立てる（A：対策）

ということが、当然のこととして行われます。

カイゼン活動も仕事である以上、まったく同じプロセスで行われなければなりません（図1）。

　P：現状分析、目標の設定とブレークダウン、スケジュール設定

　D：問題テーマの発掘と特定、改善案の収集と分類、改善案の選択と実践

　C：全体計画の評価、個別改善案の評価、進捗状況の評価、個人業績の評価

　A：方針・目標の修正、改善案の見直し

この PDCA のサイクルを回していくことで、継続されるのです。

### ⑵ カイゼン活動を管理する

PDCA を回すということは、「管理をする」ということです。つまり、旗振りだけして、後は人に任せっ放し、というのは最悪の状態です。

工場長なり製造課長なり、推進者は責任を持って目標を明示し、毎月の進度をチェックします。未達成の場合はきちんと原因を確かめ、対策を立てて管理しなければなりません。もちろん、現場の長も同様です。

### ⑶ カイゼン活動を制度化、ルール化する

日常の仕事はなぜ進むのでしょう。きちんとした制度があり、ルールが決められているからです（はっきりルール化されていない工場も多いのですが、少なくとも合意とか慣行があるはずです）。

したがって、カイゼン活動もルール化すればいいのです。そこで、PDCA を回すための書類も、仕事の書類にならって整えます。

### 解説

カイゼン活動を制度化する方法としては、「目標管理」が最適と思われます。

仕事上の PDCA を回す制度として、予算制度があります。予算は目標です。しかし、同時に予算は会社存続のためのノルマですから、そのままカイゼン目標にはなりません。

一方、普通行われている改善提案制度では、組織目標の設定や、途中のチェックがそれほど行われません。そこで、その中間的な目標管理制度が適しているのです（表1）。

目標管理制度については、16 ページを参照してください。

　　　　島　　雄（島コンサルティングサービス）

**図1 カイゼン活動の PDCA サイクル**

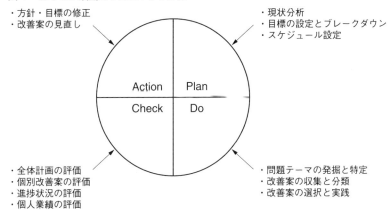

・方針・目標の修正
・改善案の見直し

・現状分析
・目標の設定とブレークダウン
・スケジュール設定

| Action | Plan |
| Check | Do |

・全体計画の評価
・個別改善案の評価
・進捗状況の評価
・個人業績の評価

・問題テーマの発掘と特定
・改善案の収集と分類
・改善案の選択と実践

**表1 カイゼン活動を進めるための制度**

| | | 予算管理制度 | 目標管理制度 | 改善提案制度 |
|---|---|---|---|---|
| 目標 | 目標の設定 | 行う | 行う | 件数目標あり、成果目標なし |
| | 目標の性格 | 達成義務 | 努力目標 | 自主提案 |
| 達成状況管理 | 期首の計画 | 立てる | 立てる | 件数目標 |
| | 期中・期末の報告 | 日報、週報、月報、年次 | 月報、年次 | 月報、年次(集計が主) |
| | 報告フォーマット | ある | ある | 提案書フォーマットあり |
| | チェック | シビアに実施 | 実施 | ない |

# 良いグループ討議の進め方

**POINT** 特に全員参加でカイゼン活動をするとき、グループで行うフリーディスカッション（グループ討議）は、しばしば使われるツールである。しかし、ただ集まって、言いたいことを言うだけでは成果が出ない。それなりの定石がある。

## Q

小石リーダーは、何かにつけて部下の意見を尊重しようとしています。そのために、全員が集まって意見を言ってもらう場をつくるのですが、意見を言う人、言わない人が偏ったり、終わってから、「もっと言いたいことがあった」「あの人の意見は違う」などと不平が出たりします。どうすればいいのでしょうか。

## A

全員参加のカイゼン活動だけでなく、会議やミーティングはしばしば行われます。しかし、ただ集まって言いたいことを言うだけでは、成果どころか弊害の方が目立ちます。したがって、次のような点に留意しましょう。

**⑴ 必ず司会者を置く**

○意見の出ない人に発言を促すなど、気配りをします。

○最初の段階では、あまり人の意見を否定せず、出るだけ出します。整理は後でやります。ただし、絶対に人の意見に異論を出してはいけないとまでこだわる必要はありません。

**⑵ 討議の順番をセオリー通りやる**

○まず、現状把握を全員で確認します。

○次に、問題点を整理します。

○最後に対策案を全員が出し、討議をします。

この順序を守らずごちゃまぜの議論、例えば、問題点を確認する段階で対策を出すようなことは避けます。そうしないと、効果が見込めるのに実行しにくい案が却下されることがあります。

**⑶ 疑問のある意見でもいきなり否定しない**

例えば事実に基づかない意見でも、とりあえず「仮説」として記録し、現場で実証をしてみます。

そのほか、現場で再確認するなど過去のデータを調査することも大切です。

**⑷ 必ずまとめと絞り込みを行う**

事実の確認、原因の推定、対策案の作成の各段階で意見が出尽くしたならば、特性要因図や親和図、系統図、KJ法などを用いて整理し、実証すべきは実証して次第に絞っていきます（表1）。

対策は、あわてて結論を出すようなことはせず、時間や日数をかけて検討を重ねていきます。

**⑸ 必要な備品を用意する**

記録用の大きな紙（コピーがとれる電子白板があれば最適）は必需品です。出た意見を、これにどんどん書いて行きます。貼ったりはがしたりできる紙に書いて貼っていけば、整理するときに便利です。

**⑹ 最適の時間と場所を選ぶ**

時間外に会議室でやることが普通ですが、必ずしもその必要はありません。むしろ時間内に現場でやる方が臨場感もあり、現場をすぐ確認できます。また、現場作業者が自分の家にいるような安心感を持てるなど、思わぬ効果が上がることもあります。

### 解説

最も頭を悩ませるのは、いわゆる「声の大きい人」の存在です。この層は、ベテラン経験者に多く、過去の経験や自分のノウハウで判断し、未熟練者の意見をさえぎる傾向が強いのです。ベテランの意見は尊重しなければなりませんが、未熟練者の意見の方がユニークで、的を射ていることもあります。司会者やリーダーは、ここを冷静に判断しなければなりません。

島　雄（島コンサルティングサービス）

表1　意見をまとめる手法

| 特性要因図 | | 特性に影響している要因を洗い出し、系統的に整理することによって多くの要因を一覧でき、関連を知ることができる |
|---|---|---|
| 親 和 図 | | 未知や未経験の問題について、言語データを使いながら、それらの相互関係を親和性によって仕分けし、解決すべき問題の所在、形態を明らかにすることができる |
| 系 統 図 | | ゴールを設定し、到達するための手段や方策を、目的−手段や原因−結果の連鎖で展開し、問題解決のための指針、施策を見つけることができる |
| 連 関 図 | | 複雑に絡み合っている因果関係を明らかにすることによって、不良や不具合の原因を探索したり、構造を把握することができる |
| アローダイアグラム法 | | 計画を進めていくのに必要な作業の順序関係を矢線と結合点で表し、最適な日程計画をつくり、進度管理上の重点を明らかにして、計画の進度を効率的に管理することができる |

# 自主研究会を活用しよう

> **POINT** 職場のカイゼンを行う場合、自主研究会（略して自主研）という方法がある。自主的に参加したメンバーが、問題点を解決するためにプロジェクトで活動する仕組みである。さまざまな応用が可能で、成果も大きい。

## Q

小石リーダーの職場も、カイゼン活動に拍車がかかってきました。しかし、彼はこれで満足することなく、よりレベルアップすることを望んでいます。活動に弾みをつけるのに、何か良い方法はないものでしょうか。

## A

### (1) 自主研究会（自主研）とは

自主研とは、ある職場の問題テーマを解決するために、自主的に集まった人々がその現場に入り込み、一定期間のうちに改善アイデアを出して実践し、成果を出すやり方です。ポイントは、該当職場以外の目で見て、改善案を出す方法です。

### (2) 自主研の中心はディスカッションと実行

まず、改善してほしいテーマを公開します（問題職場自身、あるいは事務局から）。

次に、その改善に協力したい人が、自主的に手を挙げて参加します。参加者は、安易な気持ちでなく、具体的に成果が出るまで責任を持つ覚悟で臨みます。

参加者の募集は、該当職場以外の職場に始まり、工場内や社内、外注・協力会社まで広く対象とします。グループができた後の手順は原則、次の通りです。

①現場を観察します（現場探検と呼ぶ）。

②探検結果を持ち寄り、ディスカッションを経て、改善のためのPDCA計画をつくります。

　i）問題テーマの確認（あやふやなものでなく、しっかりと）

　ii）解決方法探索（可能性のある方策の総洗い出し→現場実験などを経て絞り込み）の決定

　iii）スケジュール、分担（3〜6カ月がメド）

③計画ができれば実施して行きます。

実施の途中で何回もディスカッションを繰り返し、革新的なアイデアと確実な成果が出るようにします。ディスカッションは、徹夜くらいは覚悟して、徹底して行うような仕掛けと運営が必要です。

### (3) ケース・バイ・ケースで応用する

以上が大まかな原則ですが、細部はケース・バイ・ケースで決めればいいでしょう。例えば、必ずしも希望者だけでなく、工場内でカイゼン実績の多い人、IE（生産工学）やQC（品質管理）などの教育を受けた人をメンバーに加えるのも1つのやり方です。

### 解説

5Sが順調に進み、改善提案も年間1人当たり30件くらい出るようになると、もっと突っ込んだカイゼンに進むことになります。

カイゼン活動の成果が社長の目に留まるようになるためには、従来の仕事のやり方に捉われない、革新的な発想が求められます。そのために、他部門から見る目が必要になるのです。ただし、該当職場以外の人が改善案を出すのですから、該当職場の人（特にベテラン）と意見が対立することは必定です。ここを乗り越えることが、重要な成功のカギとなります。

専門コンサルタントに指導してもらうのも、自社以外から見る方法の1つですが、自主的な発想を養う点では社内の自主研がいいでしょう。また、あえて両方を組み合せることも考えられます。

　　　　　島　雄（島コンサルティングサービス）

# 請負業者への心配り

**POINT** 近年、製造現場の一部を請負業者に委託する場合が多い。正社員は請負労働者を一段下に見てものを言ったり、不合理な押しつけをしたりする態度が抜けていないようだ。これでは、製造現場の持続的発展は望めない。今こそ関係を見直す時期と考えよう。

## Q

　この職場では、前工程の材料準備や後工程の製品の検査と入庫に、請負業者を使っています。長年の付き合いですが、最近、主工程を担当する正社員との間でトラブルが頻発して、小石リーダーは頭を悩ませています。双方に問題はあるようですが、どうも正社員の対応の仕方に工夫がないようです。リーダーとして指導のポイントがつかめぬまま、日常業務に忙殺されています。

## A

　長年の付き合いの延長ではうまくいきません。今日的観点から請負業者との関係を見直して、どう行動したらよいか考えましょう。

### (1) 無理強いをしない

　請負作業を歴史的に見ると、昔の親と子のような関係から出発しています。対等のビジネスというよりも、親の言うことには逆らわせないという考え方があるようです。こちらのミスや手違いがあれば、請負業者の負担にせず、自らそれを認めて正当な対価を負担すべきです。主工程のトラブルによって、後工程の作業が想定外に複雑化した場合などです。

　逆に、業者努力による合理化メリットは横取りせず、そっくり還元します。

### (2) 正社員との間に一体感を醸成する

　請負業者を含めた全員が協同して、初めて製品が完成します。現場では、日常的に安全活動やQCD活動が行われています。小集団活動に参加する機会をつくったり、課内発表会や経営トップ臨席の発表会にも出席させたり、場合により発表させたりします。準備段階としては製品や工程の基礎教育を実施して、ベースを合わせる努力が望まれます（イラスト1）。

### (3) 請負作業の中身をブラックボックスにしない

　請負業者を使うときの問題の1つは、その部分に正社員がタッチせず、丸投げになりやすいことです。正社員が直接携わらない部分では、正社員側に熟練度や技術の劣化が起きます。放置すると、品質の劣化や生産現場の空洞化を発生させます。自らは手を下さずとも、ポイントは押さえておく必要があります。また、請負業者側にも目標管理制度を導入させて、その運用を通じて指導を深めることが有効です。

### (4) 競争原理を導入する

　請負契約に際しては熟練度もあるため、一概に契約価格だけでは判断できません。指名でなく、当該作業の見積りにより、競争原理の中で運用するのが基本的な進め方です。長年の付き合いに甘えず、適度な緊張感を与え続けることが必要です（イラスト2）。

## 解説

　請負業者との関係には重要な関連法規があります。現場監督者の知識不足からくるトラブルの1つが偽装請負です。職業安定法は、請負労働者に対して注文主が直接に指揮命令することを禁止しています。しかし、製造ノウハウが高度化すると、正社員が業者の監督者を飛び越えて、請負労働者を指示する危険があります。

　製造業の一部請負化は、好況時の人手不足と、不況時における労務費の変動費化を狙ったコストダウンにより急増しており、製造業は請負業者との間で持続的な共存共栄を目指さなければなりません。こうした法律問題を含めて、この形態が定着するにはさらに相互に努力が必要でしょう。

澤田　弘道（ベルヒュード国際経営研究所）

イラスト1　製造は請負業者と対等の共同作業であることを忘れないこと

イラスト2　競争原理を導入すること

# 現場努力で一層の原価低減を

> **POINT** 製造業の利益は、原価低減によって生み出される。さらに大幅な原価低減を目指すためには、許容原価の考え方と実施手法を導入し、より活発な現場小集団活動につなげることが効果的である。

## Q

小石リーダーは、係長や課長から大幅な原価低減を進めるように、いつも言われています。今までも職場の小集団活動として、全員参画で原価低減に取り組んできましたが、最近はアイデアの出方が少なくなってきているのが気がかりです。何か基本的なことを知りたいと思っています。

## A

現在のような低成長時代では、許容原価の考え方を取り入れることが必要です。

これは従来の、

売り値＝原価＋利益

の考え方から、

許容原価＝売り値－目標利益

の考え方に転換し、利益を確保しようとするものです（図1）。従来も目標原価を決めて取り組んでいる職場が多いですが、さらに大幅な原価低減を目指すために許容原価の考え方を導入し、より活発な現場小集団活動につなげましょう。

図2に許容原価による原価低減活動の手順を示します。ステップ(4)までは営業や企画部門と関連が深く、通常は全社展開で行います。モデル職場として製造している製品を決め、営業や企画部門と相談しながら実施するのも1つの手法です。

### (1) 売り値を確認する

自分の職場で製造している製品の販売価格、類似品あるいは競合品の価格を販売の人に依頼して調べます。その上で、将来的な予測も入れた売り値を設定します。たいていの場合、この価格は現在の売り値より大幅に下がるものです。

### (2) 目標利益を設定する

営業や企画部門と相談し、現在の売り値と将来予測される売り値から、目標利益を設定します。

### (3) 許容総原価を算出する

設定した売り値から、目標利益を引いた値が許容総原価です。

### (4) 許容製造原価を算出し、設定する

許容総原価から一般管理費、販売費などを差し引いて許容製造原価を設定し、各製造グループに分けます。また材料費、労務費、間接費などに分け、それぞれの値を設定します。

### (5) 各グループで目標を設定し、実施する

各グループでは、それぞれの費用から量と単価に分け、製造グループでは主として量の削減目標を設定します。購買担当と相談して、費用の大きいものの削減に重点的に取り組みます。この目標値は、従来の目標値に比べて大幅に大きなもので、コスト・ハーフ（コストを半減させる）作戦につながるものです。

材料費および加工費についてはVA（バリューアナリシス）の手法を、作業改善についてはIE（インダストリアルエンジニアリング）の手法を用いると効果的です。

### 解説

許容原価の考え方の製造現場への導入は、製造現場の自主的な原価低減活動に役立つものです。従来、原価低減の目標設定は、上から押しつけられるものとの意識が強く働きがちでしたが、許容原価の考え方をよく理解することで、自ら立てた目標を自ら実現する意識に変わるものです。

また、製品開発プロジェクトの推進にも通じるもので、原価企画の手法として用いられ、各社で効果を上げています。

大石　哲夫（大石コンサルタント）

図1　原価主義から原価低減へ

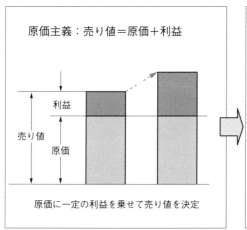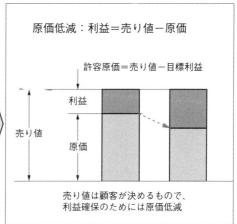

図2　許容原価による原価低減活動

①売り値の確認

②目標利益の設定

③許容総原価の算出

④許容製造原価の算出設定

⑤各グループの目標設定・実施

**POINT** 製造担当としては、原材料費や直接労務費など変動費の管理が最も重要である。加えて、最近では段取り替え費用や、IT 導入による業務高度化費用などの増大により、工場固定費のウェイトが高まっている。これらについても注意が必要になっている。

## Q

小石リーダーは、さらに大幅な原価低減に取り組もうとしていますが、従来の取組みでは限界があると感じています。自職場での製品の原価構成を知り、何から取り組めば効果が大きいかをはっきりさせたいと思っています。

## A

総原価には、製造原価や販売費、物流費、一般管理費、研究開発費などがあります。その中で製造原価は、生産量に比例する変動費と、生産量に無関係な固定費に分けて管理されます（**表1**）。

**(1) 製造変動費について知ろう**

製造原価の変動費には次の項目があります。

①原材料費：主原料や副原料、包装材など

②直接労務費：製造工程での直接作業に対する賃金、雑給など

③直接経費：電気や用水などの用役費、その他外注費など製造に直接関係して発生する経費

これらについては、まず製品単位当たりの原料の使用量、労働工数の必要量を削減することが必要です。同時に材料や工賃の単価について、製造担当としても購買担当者から聞き、その変動について知っておくことが大切です。

原材料費については、月初の在庫に当月の仕入れを加え、月末の在庫を差し引いて求めます。在庫は直接原価に影響せず、管理がおろそかになりがちですが、資金面から在庫を少なくするよう努力します。

**(2) 製造固定費にも注意しよう**

製造原価の固定費には次の項目があります。

①間接労務費：直接労務費以外の賃金で、主として間接工の賃金

②工場管理費：工場管理のために発生する費用で、福利厚生費や保険費、通信費など

③減価償却費：設備や建物などの取得価格から、将来の残存価格を引いた額の年度ごとの配分額

④修繕費：設備や建物などに対する修繕費用

⑤固定資産税：設備や建物などに対する税金

⑥その他固定費：その他で発生する経費

最近の傾向として、段取り替え費用などの間接労務費や工場管理費が急増しています。

**(3) その他の費用**

①販売費：販売活動のために必要な費用

②物流費：原料や製品などの輸送費で、一部は原料費に含まれる場合がある

③一般管理費：本社の人件費や経費など

④研究開発費：製品や設備などの研究開発費

## 解説

予算管理の原価構成は以上の通りですが、コストあるいは費用については、事業のライフサイクル全般にわたって検討することが大切です。

事業または製品群のライフサイクルは、「研究開発」「設備・システム構築」「操業」「廃棄」の4段階に分けられ、各段階でのコストが発生します（**図1**）。操業段階のコストは、主として表1に示す原価の各項目で処理されますが、「設備・システム構築」の費用についてはいったん固定資産の金額に編入され、各期の減価償却費として処理されます。その他のコストについては、関連する事業の原価に配賦されます。

特に、製品寿命が設備寿命より短い場合には、既設設備の転用を図るなど企画段階から製造の知恵を入れ、コスト削減を図ることが効果的です。

大石　哲夫（大石コンサルタント）

表1　原価の構成と削減に向けた取組みの例　　　　　　　　　　　　（取組み例）

| 製品販売価格 | 総原価 | 製造原価 | 製造費 | (1)変動費 | ①原材料費 | 部品点数削減、VA/VE、IEの活用 |
|---|---|---|---|---|---|---|
| | | | | | ②直接労務費 | 作業効率化 |
| | | | | | ③直接経費 | 用益費などで省資源・省エネルギー面から削減 |
| | | | | (2)固定費 | ①間接労務費 | 品種切替え作業改善、アウトソーシング |
| | | | | | ②工場管理費 | 関連スタッフ、工場全般の費用減 |
| | | | | | ③減価償却費 | 長期的に的確な設備投資の実施 |
| | | | | | ④修繕費 | 設備の劣化状況により判断 |
| | | | | | ⑤固定資産税 | 上記に連動 |
| | | | | | ⑥その他 | |
| | | 販売費・物流費 | | | | サプライチェーンとしての節減 |
| | | 一般管理費 | | | | 本社経費など |
| | | 研究開発費 | | | | 長期的な判断が必要 |
| | 営業利益 | | | | | 損益分岐点図表の活用 |

図1　ライフサイクルコスト発生のイメージ

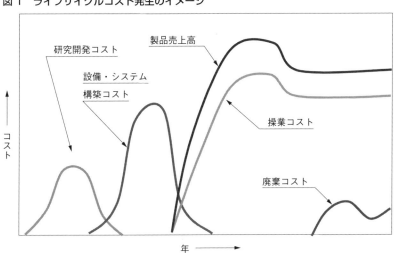

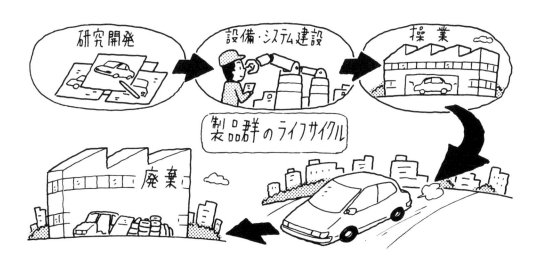

# 損益分岐点を使って原価低減

**POINT** 損益分岐点図表によって利益や原価の内容を分析し、変動費や固定費の削減に向けた対応策の重点項目を決め、実施することが原価低減の推進に有効である。特に最近では、固定費である間接経費の増大が著しく、この削減を行うことが効果的である。

## Q

　小石リーダーは、自分が担当している製品の利益と変動費や固定費の関係がよくわからず、原価低減にどこから手を着けたらよいか困っています。そこで、まず損益分岐点図表の作成方法と利用方法を知り、原価低減の取組みに役立たせたいと思っています。

## A

　損益分岐点とは、費用の額と収益の額が等しくなる操業度または売上高を言い、この点の売上高を損益分岐点売上高と言います。図1に通常使用される損益分岐点図表を示します。図に記入した売上高と利益、変動費、固定費、費用の関係は次の通りです。

$$売上高＝費用＋利益$$
$$費用＝変動費＋固定費$$

　損益分岐点では売上高＝費用であり、利益は0です。これより高い操業度では利益が、低い操業度では損失が出ます。

### (1) 損益分岐点図表を作成しよう

　①グラフ用紙の縦軸に費用、横軸に操業度（または売上高）をとる

　②横軸に計画している操業度（または売上高）をとり、その点より垂直線を引き、固定費と費用（固定費と変動費の合計）を記入し、固定費線（横軸との平行線）、変動費線（縦軸と固定費線の交点と、費用の点を結ぶ）を記入

　③売上高と原点を結ぶ売上高線を記入

　④費用線と売上高線の交点が損益分岐点であり、これに相当する操業度が損益分岐点操業度

### (2) 損益分岐点図表の使用方法

　①現在の利益の状況を把握

　②変動費、固定費の変化に対応して、利益がどのように変化するかを見る。また、どちらが利益に対して大きく影響するかを見る

　③重点的に改善する項目を判断する

　最近、変種変量生産による品種切替えの増加などで、固定費が増加する傾向にあるため、固定費の削減に注目すべきです。

### (3) 多品種生産の場合の検討をしよう

　限界利益は以下の式で表されます。

$$限界利益＝売上高－変動費$$

　図2に、限界利益線と固定費線との交点として、損益分岐点を求める方法を示します。

　製品品種が多い場合には、品種ごとの限界利益を限界利益率の高い順（あるいは売上げに対する寄与率の高い順）に積算し、製造の優先順位と損益分岐点を求めることができます（図3）。

## 解説

　最近のように、顧客の要求が変化する時代では、売上げがある程度低下しても利益を確保できることが必要です。このために、次に示す損益分岐点比率による判定と管理が行われています。

　①損益分岐点比率は、損益分岐点売上高/現在の売上高×100％で定義される

　②損益分岐点比率を低く抑えるよう厳しく管理する。少しでも上がったら、その原因を究明するのが工場長および工場管理者の責任

　③製造面で大きなミスがあり、不良品が多く出たりすると、損益分岐点比率が上がる

　図4に損益分岐点比率が30％の例を示します。この例では現状の利益率が28％と、きわめて高い利益率が確保されています。一般的には、損益分岐点比率は70％以下が良いとされます。

　　　　　　　　　大石　哲夫（大石コンサルタント）

図1　損益分岐点図表

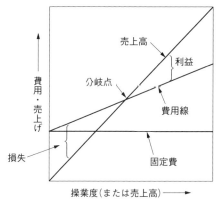

図2　損益分岐点図表（限界利益使用）

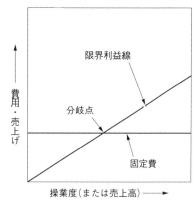

図3　損益分岐点図表（多品種生産）

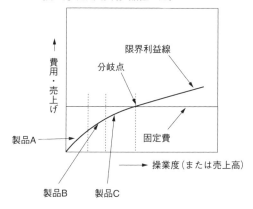

図4　損益分岐点比率の図

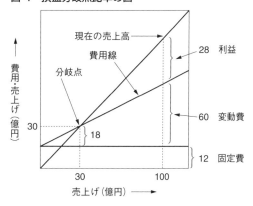

# 貸借対照表の読み方

**POINT** 貸借対照表は、決算日の会社の財や負債がどれだけあるかを表すものである。右側の貸方は「お金をどのようにして集めたか」である負債と資本を表し、左側の借方は「集めたお金がどのように姿を変えたか」である資産を表している。

## Q

最近、小石リーダーは原価低減を進めるために、経理の担当者と話す機会が増えてきました。経理の人との話の中で、「貸借対照表」という言葉が出てきますが、よくわかりません。そこで、貸借対照表の内容を知り、製造の担当として何に注意すればよいかを理解したいと考えています。

## A

貸借対照表は、会社の期末における財政状況を知るための決算書の１つで、決算日の会社の財や負債がどれだけあるかを表すものです。図１に示すように、貸借対照表では右側を貸方と言い、負債と資本を表します。左側を借方と言い、資産を表します。貸方と借方のそれぞれの合計金額は同じになります。

### (1) 貸方(総資本)の内容を知ろう

表１の右側の貸方を見ましょう。貸方に属する項目は、「お金をどのようにして集めたか」を示し、負債と資本に分かれます。

負債には短期的に返済すべき支払手形や買掛金などの流動負債と、長期的に返済すべき長期借入金や社債などの固定負債があります。

資本には、自己資本としての、株主からの資本金や剰余金などがあります。

### (2) 借方(総資産)の内容を知ろう

表１の左側にある借方の項目は、「集めたお金がどのように姿を変えたか」を示す資産であり、流動資産と固定資産に分かれます。

一般的には、１年以内に現金化される予定のものが流動資産です。これには、現金・預金、受取手形、売掛金、原材料、製品などの在庫品、仕掛品があります。

製造現場では、この流動資産の中で原材料や仕掛品、製品の在庫に注意する必要があります。特に、不良在庫は損失に直接つながります。

固定資産には土地・建物、設備などのほかに、建設のための支出および建設目的のために充当した材料などが記入されます。また営業権、特許権などの無形固定資産、関係会社などへの投資が固定資産に含まれます。

製造としては、設備について有効に機能しているか、チェックしておく必要があります。特に遊休状態の不要設備で、除却する必要のあるものがそのまま残っている場合は問題です。

### 解説

貸借対照表に記載されている内容の概要は上記の通りですが、これらの数値から会社の財務状況を判断するいくつかの指標の中で、次の２つがよく使われます。

### (1) 流動比率

流動資産÷流動負債×100(%)

流動比率は上式で定義される指標で、会社の支払能力の健全性を示すものです。この値は、少なくとも 100 %以上であることが必要です。

### (2) 固定長期適合率

固定資産÷(固定負債＋自己資本)×100(%)

固定長期適合率は上式で表される指標で、長期借入金と自己資本の範囲内で、設備などの固定資産投資に運用しているかどうかを見るものです。この値が 100 %未満であれば問題ないです。

### (3) その他

以上のほかに、長期資本固定比率や資本負債比率、自己資本構成比率、流動資産構成比率など各種の判断基準があります。

大石　哲夫(大石コンサルタント)

### 図1　貸借対照表の構造

（借方）貸借対照表（貸方）

| 資産 | 負債 |
|---|---|
| | 資本 |

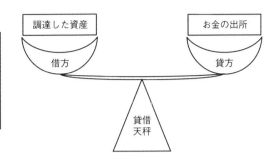

### 表1　貸借対照表の項目(例)

（借方）　　　　　　　　　　（貸方）　　　（○月○日現在　単位：千円）

| 科　目 | 金　額 | 科　目 | 金　額 |
|---|---|---|---|
| （資産の部） | | （負債の部） | |
| 流動資産 | ○○,○○○ | 流動負債 | ○○,○○○ |
| 　現金及び預金 | ○,○○○ | 　支払手形 | ○,○○○ |
| 　受取手形 | ○,○○○ | 　買掛金 | ○,○○○ |
| 　売掛金 | ○,○○○ | 　短期借入金 | ○,○○○ |
| 　原材料 | ○,○○○ | 　その他流動負債 | ○○○ |
| 　仕掛品 | ○,○○○ | 固定負債 | ○○,○○○ |
| 　製品 | ○,○○○ | 　長期借入金 | ○,○○○ |
| 　貯蔵品 | ○,○○○ | 　その他固定負債 | ○,○○○ |
| 　その他流動資産 | ○,○○○ | （資本の部） | |
| 固定資産 | ○○,○○○ | 自己資本 | ○○,○○○ |
| 　土地・建物 | ○,○○○ | 　資本金・出資金・元入金 | ○,○○○ |
| 　設備資産 | ○,○○○ | 　剰余金（当期利益を除く） | ○○○ |
| 　建設仮勘定 | ○,○○○ | 　当期利益 | ○○○ |
| 　無形固定資産 | ○,○○○ | | |
| 　投資等 | ○,○○○ | | |
| 合　計（総資産） | ○○○,○○○ | 合　計（総資本） | ○○○,○○○ |

# 損益計算書の読み方

**POINT** 損益計算書は、ある期間に企業がどれだけの利益や損失を出したかを、まとめた書式である。まず、売上高から売上原価を引いて売上総利益を求め、順次、営業利益、経常利益、税引き前当期利益、当期利益を求める。この過程を理解する。

## Q

小石リーダーは会社の売上げ、原価、利益の状況を知り、自分の職場の改善に役立てていきたいと考えています。今まで、製造関係以外の費用について理解が不十分と感じており、全社の損益計算書の内容を理解したいと思っています。

## A

損益計算書とは、ある期間に企業がどれだけ利益を上げたか、損失を出したかをまとめた計算書です。平たく言えば、企業の家計簿のようなもので、ある期間での収支が黒字か赤字かを見るものです。表1の損益計算書の例を使って、その内容を説明しましょう。

### ⑴ 売上総利益の内容を知ろう

売上総利益は、売上高から売上原価を引いたものです。売上高は会社の本来の営業活動からの収益で、売上収益、営業収益とも呼ばれています。

売上原価はメーカーの場合、仕入原価と製造原価になります。したがって、外部からの仕入原価のほかに、製造ラインの従業員の人件費や労務費、減価償却費ならびに工場管理費などが含まれます。製造としては第1に、これらの製造原価の削減に努力することになります。

### ⑵ 営業利益を理解しよう

営業利益は、売上総利益から営業活動に必要な販売費と本社経費などの一般管理費を引いたもので、本来の営業活動の成果としての利益です。

販売費には、販売員の給与・手当、交際費、公告宣伝費、販売手数料、通信費などが含まれます。

一般管理費には、役員報酬、管理部門の従業員の給与・手当および販売・管理部門に属する福利厚生費、減価償却費、諸経費などが入ります。

### ⑶ 経常利益を理解しよう

経常利益は、営業利益に営業外収益を加え、営業外費用を引いた利益で、企業の総合的な経営活動の結果を表す利益です。営業外収益には、受取利息、受取配当金、有価証券の売却益などがあり、営業外費用には、支払利息、社債利息、有価証券売却損などがあります。

### ⑷ 税引き前当期利益と当期利益を理解しよう

税引き前当期利益は、経常利益に臨時的に発生する特別利益を加え、臨時的に発生する特別損失を引いた利益です。

当期利益は、税引き前当期利益から税金を差し引いた利益です。企業が、配当あるいは内部留保として処分することができる最終的な利益です。

## 解説

損益計算書の読み方は以上の通りですが、この計算書によって、会社の利益の源はどこにあるかを理解することができます。製造原価低減は、製造現場として最も重要であることは当然ですが、どのようにすれば生産量を上げて、売上高の向上に寄与できるかを考えることも大切です。

財務諸表には、前項で述べた貸借対照表と本項の損益計算書のほかに、キャッシュフロー計算書があります。これは、企業の1会計期間での現金および現金同等物(流動性の高い預金など)の収支を、報告するために作成される計算書です。資金繰りがうまくいっているか否かを、この計算書で確かめることができます。

キャッシュフロー計算書の内容は表2に示す通りです。また、貸借対照表とキャッシュフロー計算書、損益計算書の相互の関連は、図1に示す通りです。

大石 哲夫(大石コンサルタント)

## 表1　損益計算書の例

期間：（単位：千円）

| 項　目 | 内　容 | NO. | 金　額 |
|---|---|---|---|
| 売上高 | 製品売上高、加工収入高など | ① | ○○○,○○○ |
| 　売上原価 | 期首製品在庫高＋当期製品製造原価－期末製品在庫高 | ② | ○○,○○○ |
| 売上総利益 | ①－② | ③ | ○○,○○○ |
| 　販売費 | 販売員給与手当、交通費、広告宣伝費、販売手数料など | ④ | ○,○○○ |
| 　一般管理費 | 役員報酬、事務員給与など | ⑤ | ○,○○○ |
| 営業利益 | ③－④－⑤ | ⑥ | ○○,○○○ |
| 　営業外収益 | 受取利息、受取配当金など | ⑦ | ○○○ |
| 　営業外費用 | 支払利息、社債利息など | ⑧ | ○○○ |
| 経常利益 | ⑥＋⑦－⑧ | ⑨ | ○○,○○○ |
| 　特別利益 | 臨時に発生した利益 | ⑩ | ○○○ |
| 　特別損失 | 臨時に発生した損失（費用） | ⑪ | ○,○○○ |
| 税引き前当期利益 | ⑨＋⑩－⑪ | ⑫ | ○,○○○ |
| 　法人税等 | | ⑬ | ○,○○○ |
| 当期利益（純利益） | ⑫－⑬ | ⑭ | ○,○○○ |

## 表2　キャッシュフロー計算書の内容

| キャッシュフローの項目 | 内　容 |
|---|---|
| ①営業活動によるキャッシュフロー | 売上げによる収入から、売上原価、販売費および一般管理費などの費用、税金などの支払額を差し引いて計算した資金の増減額 |
| ②投資活動によるキャッシュフロー | 設備や機器の取得と売却、子会社などへの出資や売却など、事業のための長期資産に対する投資と回収に関連する資金の増減額 |
| ③財務活動によるキャッシュフロー | 資本金の増資と減資、社債の発行と償還、金融機関からの借入や返済など、企業の資金調達に伴う資金の増減額 |

## 図1　財務諸表間の関連

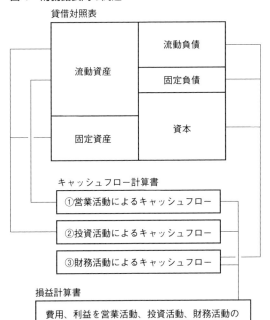

133

# 製造現場のリスクマネジメント(安全)

> **POINT** 製造現場にはさまざまな安全上のリスクが存在する。従来の対策は災害後の再発防止が主だった。近頃は経験者の退職に加え、新しい技術や設備の導入、地震をはじめとする天災やテロなどのリスクが高まっている。これらに対して先取りして安全を確保する。

## Q

職場で災害は発生していないものの、工場で経験者が順次退職する一方、真新しい機械が次々と導入され、小石リーダーは「災害が起きたらどうしよう…」と不安を抱いています。

## A

職場作業の中の潜在危険性(リスク)を摘出して検討します。まだ災害が起きる前に、各作業にどの程度のリスクがあるかを見極め、優先順位をつけて安全対策を講じます。

通常、次のステップで実施します(表1〜4は厚生労働省の例を参考にしています)。

### (1) リスクの同定

職場の作業にどのようなリスクがあるか、機械の取扱説明書や工程の流れ図、製造基準書、災害事例、ヒヤリハット事例、パトロール結果などの情報から摘出していきます。このとき、関係者全員で検討します。リーダーやスタッフの技術洞察力が大きな力を発揮します。専門家から意見を聴くことも大事です。

### (2) リスクの見積り(算定)

個々のリスクについて、作業で被災する可能性の度合いと、起きた場合にどの程度の被害が出るか、を見積もります。基準をあらかじめつくっておきます。

### (3) リスクの評価

リスクの算定結果に基づいて、個々のリスクについて、次のいずれになるかを評価して決めます。

①リスクが大きいので、リスクの削減対策を立てる

②許容レベルのためこのままリスクを保有する

③リスクを自分では背負いきれないので、リスクの移転をする(保険をかけるなど)

④リスクを伴う作業をやめる

### (4) リスク対策

評価に基づいて優先順位をつけ、予算を確保して実施します。これを粘り強くやり通し、リスクを受入可能のレベルまで繰り返しながら、低減対策を進めます(図1,表5)。

## 解説

①リスクは、起きては困る災害の規模とその起きる確率で、大きさが決まります。厳密な数値化はできませんが、例えば次のようなリスクの計算方法があります。表1〜表3の数値は、目安の1つなので、数値に捉われ過ぎて実態とかけ離れないよう気をつけましょう。

リスク＝負傷(疾病)の重篤度
　　　　×負傷(疾病)の発生可能性の度合い

例えば、プレス機械に挟まれる大きな災害(30点)が高い確率で起きる(評価3)となれば、リスクはきわめて大きい(90点)と考えます。

このようにリスクを評価し、対策実施は基準に従い、優先度を決めて(90点は高)対処します。

②危険予知活動や安全パトロールなども積極的に併用すると、効果がより高まります。

③トップの方針を受け、職場でも全員が役割を明確にして安全の目標を掲げ、計画的に(P)、安全活動を実施します(D)。また必要な都度、あるいは定期的に見直し(C)、上司やトップの判断を受けます(A)。このPDCAのサイクルを回し続けて安全レベルを引き上げていきます。これがリスクマネジメントです。

④会社の事業継続計画(BCP)は、その存亡に関わる緊急事態のリスクマネジメントです。

井上　靖彦(技術士〈化学、総合技術監理〉)

表1　負傷または疾病の重篤度の基準例

| 致命的 | 重大 | 中程度 | 軽度 |
|---|---|---|---|
| 32点 | 16点 | 8点 | 4点 |

表2　負傷または疾病が発生する可能性の度合いの基準例

| きわめて高い | 比較的高い | 可能性あり | ほとんどない |
|---|---|---|---|
| 4 | 3 | 2 | 1 |

表3　優先度の評価の基準例

| リスク | | 優　先　度 |
|---|---|---|
| 30点以上 | 高 | ただちにリスク低減措置を講じる必要／講じるまで作業停止／十分な投資を行う |
| 10〜29点 | 中 | 速やかにリスク低減措置を講じる／講じるまで作業停止が望ましい／優先的に投資を行う |
| 10点未満 | 低 | 必要に応じてリスク低減措置を実施 |

表4　可能な限りとるべきリスク低減措置の検討および実施の優先順位例

| 順位 | 項　目 | 内　容 |
|---|---|---|
| 1 | 法令に定められた事項の実施 | 該当事項がある場合 |
| 2 | 設計や計画段階における措置 | 本質安全化を目指した設計や計画 |
| 3 | 工学的対策 | ガード、インターロック、安全装置、局所排気装置など |
| 4 | 管理的対策 | マニュアルの整備、立ち入り禁止措置、暴露管理、教育訓練など |
| 5 | 個人用保護具の使用 | 上記措置を講じても、除去・低減しきれないリスクに限る |

図1　回転機械の対策前と対策後

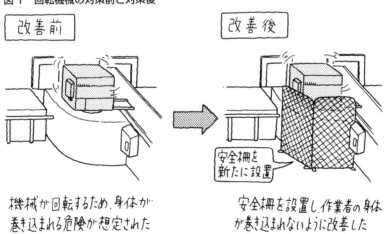

機械が回転するため、身体が巻き込まれる危険が想定された

安全柵を設置し、作業者の身体が巻き込まれないように改善した

表5　回転機械の対策前と対策後に関するリスク算定と優先度評価の例

| | 負傷の重篤度 | 負傷発生の可能性 | リスクの大きさ | 優先度 |
|---|---|---|---|---|
| 対策前 | 30点 | 3 | 90点 | 高 |
| 安全柵対策後 | 7点 | 1 | 7点 | 低 |

# 製造現場のリスクマネジメント(品質)

## Q

最近、品質クレームが多発しています。小石リーダーは、工場長からこの際、リスクマネジメントを実施するよう指示されました。ところが、実施に際してどのような点に注意したらよいか、またその効果が上がるのかどうかわかりません。

## A

リスクマネジメントを展開する手順は、前項でも紹介しました。具体的な実施例については**表1**を参照してください。

ここでは、実施段階で最も重要な品質リスクの同定(アセスメント)と、実施の効果について述べます。

### (1) 品質リスクの同定

製品品質にどのようなリスクがあるか、以下の情報をもとに抽出、分析します。

①今までのクレーム情報

ⅰ)経験した自社クレームの情報

文書に残っていないものも、前任者から聞き出します。

ⅱ)他社同等品のクレームの調査

他社のクレーム情報も、対岸の火事とは見ないで有効な情報として取り上げます。

②潜在的な問題の抽出

今まで発生していませんが、発生の恐れのある問題を抽出します。この作業が、リスク評価の準備として重要です。

リーダー単独では取り組むことができません。関連のある設計・開発部門、営業部門にも援助してもらいます。また実際に、製造に携わっている人も含めてヒヤリハットのアンケートを集めることが有効です。

③リスク内容の明確化

製造の流れに従って、工程別・作業別に分類し、特性要因図やQC工程表などを使いながら分析して内容を明確化します。

### (2) リスクマネジメント実施の効果

効果は数多くありますが、ここでは関連部門との関連について述べます(**表2**)。

①設計・開発部門へフィードバック

製造の場面で問題が発生しても、原因は設計にあることが多いのです。リスクマネジメントの知見は設計・開発部門にインプットされることにより、会社の財産として蓄積されます。

②営業部門へフィードバック

リスクマネジメントを実施しても、リスクがゼロにはなりません。許容できるまで低減するだけです。したがって、残存リスクは顧客と対面する営業部門に率直にインプットし、共有化を図ることで今後の問題対処を容易にします。

## 解説

品質のリスクマネジメントはISO9001の中核をなすものですが、強調されている背景を述べます。

### (1) 品質不良の多発

素材、自動車、電機、食品など業界を代表するメーカーでも品質トラブルは多発しています。製造部門の責任範囲を超えたものもありますが、企業経営の根幹を揺るがすことにつながります。

### (2) コストダウンの影

生き残るための企業のコストダウン努力は素晴らしい一方で、部品の統合や外注化、工程の圧縮、未熟練者の雇用などが品質問題に悪影響を及ぼしている場合が考えられます。

澤田　弘道(ベルヒュード国際経営研究所)

表1　リスクマネジメントの実施例（抜粋）

| No | | 1 | 2 |
|---|---|---|---|
| 作業名 | | 製品表面の仕上げ作業 | 部品受入作業 |
| リスク | | 製品表面に微細な傷が発生する | 受入検査が不十分で不良品が流入する |
| 既存の防止対策 | | 自動検査機を導入している | 部品製造工程と連携を緊密にしている |
| リスクの見積 | 被害規模 | 4 | 3 |
| | 発生確率 | 4 | 4 |
| | リスク | 16 | 12 |
| リスク低減対策 | | 自動検査機の後に熟練した検査員を置く | 受入検査基準を改定する |
| 対策後のリスク | 被害規模 | 4 | 2 |
| | 発生確率 | 1 | 2 |
| | 残存リスク | 4 | 4 |
| 備考 | | ＊リスク＝被害規模×発生確率<br>＊評点：被害規模、発生確率とも5段階<br>＊許容リスク：4点以下 | |

表2　他部門へのフィードバックの例（抜粋）

| 設計・開発部門へ | 営業部門へ |
|---|---|
| ・設計上のマージン不足が検証されていないので、初期不良品が流出する<br>・外注部品の受入検査基準が現実的でない<br>・加工バラツキが発生しやすい設計になっている<br>・加工精度を少し甘くすれば、未熟練者も作業できる | ・生産能力が上限に近いので、規格値ギリギリの製品が出ることがある<br>・厳しい要求のある顧客には販売しにくい場合がある<br>・競合品の不良情報はもっと迅速に伝えてほしい |

# 製造現場のリスクマネジメント(環境)

**POINT** 21世紀最大のリスクは環境問題と言われている。環境問題を起こして会社の内外に迷惑をかけないようにするとともに、社会の動向を十分把握し、自分の工場でどのような環境リスクがあるかを正しく認識し、平素から適切に対処しておきたい。

## Q

小石リーダーは、環境問題を起こさないようにすることで頭を悩ませています。環境に悪影響を与える悪臭物質を多種類扱っていますし、PRTR制度対象物質も何種類か取り扱っています。廃棄物もたくさん出ます。

## A

工場の中にどのような環境リスクがあるのか調べ、それぞれのリスクへの対策を施します。

### (1) 環境への負荷および対策の実態調査

原料・資材・半製品・製品・廃棄物などモノの取扱い量、電気・ガス・上水・下水などの用役の取扱い量、また取扱い状態を環境側面(環境に影響を与える要素)から列挙して調べます。

### (2) 環境リスクを考えて対処

環境に与える影響の程度を見積もり、大きな影響を与える項目から環境対策活動の達成目標を決定し、実施計画を作成して必要な活動を順次実施します。法規制には、優先的に対処します。

### (3) 実施事項のチェック

目標の進展状況を確認します。

### (4) トップの見直し

適宜トップの評価を受け、改良しながらこの環境マネジメントを継続します。

### (5) 緊急事態への備え

工程異常による悪臭物質や排水の大量漏洩、火災爆発による工場周辺への環境影響を根絶するように対処し、また万一に備えて、緊急時の訓練も計画的に実施しましょう。

### 解説

①環境のリスクマネジメント活動は、国際規格である ISO14001、あるいは環境省制定のエコアクション21など環境マネジメントシステムの中核をなします。リスクマネジメントの実施状況は、第三者の外部審査を経て認証されます。定期審査により緊張感を維持でき、実効が上がります。

②環境のリスクマネジメントは、工場トップが方針を宣言して進めます。リーダーは目的をよく理解し、自分が担当している職場で何をなすべきか十分検討して、自分の職場から騒音や振動、悪臭、異常排水などの環境負荷を減らすよう、職場の全員で積極的に取り組みます。

③現代では、工場周辺の地域住民が容認が得られなければ、企業活動は持続的な発展を望むことができなくなっています。リーダーは、環境問題を起こさないことはもちろん、常に環境により配慮した業務を推進しましょう。また、窓口から求められたら説明できるように準備をしておきましょう。

④地域住民に切実な影響を与える環境問題のほかに、二酸化炭素のような温室効果ガスの排出による地球温暖化問題もあります。これらは少しずつ影響が現れ、次世代に対しても大きな負荷を残していくことになると考えられています。このように未来に向けて配慮することは今、すべての企業人に対して求められることです。

⑤PRTR制度では、取り扱う化学物質量をきちんと把握し、環境への排出量を公表しますので、間接的に企業に対し環境への排出削減を迫ります。

⑥規制されていない新規物質を扱う場合、まさにゆりかごから墓場まで十分に配慮しましょう。

⑦地域との交流の場など積極的に参加し、良き隣人として活動することも求められています。

井上　靖彦(技術士〈化学、総合技術監理〉)

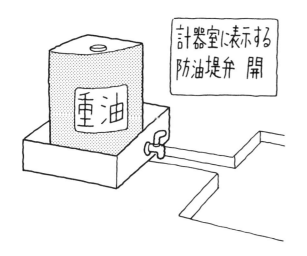

■貯槽は、防液堤で漏洩を防ぐようになっていますが、雨水排水弁を閉め忘れると大量漏洩時に役立ちません（開閉状態がすぐわかるように、計器室に表示します。また、下流に油水分離器を設置します）

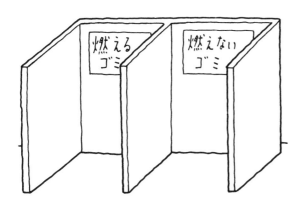

■産業廃棄物置き場は法規に基づいて必要な表示を行い、マニフェストに従って管理します

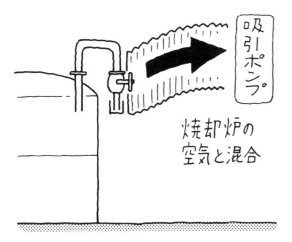

■悪臭処理設備の周辺では、悪臭は微量でもひどい臭いがします。もし可燃性の悪臭物質なら、取扱い時の、ドラフト設備の吸引ガスを、ボイラーのバーナーの空気側に混合して焼却する方法があります（大量の漏洩は可燃物の濃度が上がり、爆発する可能性があるため、この場合は少しずつ燃焼する必要があります）

# 製造現場に欲しいユトリとは

**POINT** どんな現場にも月・週・日次に展開された計画が示される。計画に沿って生産が進むと、現場にユトリが生まれる。想定外のトラブルが起きても、対応策を決めておけば恐れることはない。ユトリを持ち活用して、現場を進化させるのがリーダーの務めだ。

**Q**

「仕事は楽しんでするもの。前向きに、自発的に取り組む姿勢が欲しい」と社長はみんなの前で話しました。日々納期やノルマ、品質に追われる製造現場にいて、どうすればそんなことを考えられるユトリを持てるのか、小石リーダーは頭を悩ませています。

**A**

計画通りに生産が進むと、気持ちに余裕が生まれます。これがユトリの第一歩です。想定外の出来事に的確に対処できると、ユトリの相乗効果が表れます。こうして後追いではなく、常に先手で動けるようになって視界が広がるのです。

**(1) 1日の計画と段取り**

始業時に1日の作業計画、設備、段取りを確認し、ラインのメンバーの認識を合わせて作業開始することが重要です。そのためには、朝礼時にそれらが一目でわかる準備が必要です。交代勤務などで作業を引き継ぐ場合は、前の勤務からの申し送り事項も含めた情報共有を行います。

目標の有無で、現場の動きは大きく変わります。終業時に1日の振り返りをして、翌日の準備に着手します。

**(2) 作業標準と作業手順に則った作業**

作業を最も効率的に行う手順をまとめたものが作業標準で、その手順に従った作業を行うことが重要です。ルールが決まっていないと、作業者はよかれと思ってムダな作業をしてしまうケースをよく見受けます。これは、ルールを決めない管理者に責任があると言えます。

**(3) マニュアルに沿ったトラブル対応**

現場にトラブルはつきものです。不適合品の発生や設備不具合など、日々さまざまなことが発生します。リーダーやスタッフが対処しますが、これらはまったく新規に発生しているわけではなく、大半のトラブルは過去の蓄積から想定され得るものと考えられます。

そこでトラブル対応履歴を作成し、いつ、どこで、どのようなトラブルが発生し、どのように対処してきたかをまとめておきましょう。これをもとにトラブル対応マニュアルを作成し、定常的に発生するものは作業者レベルで対処します。リーダーやスタッフは、トラブル発生そのものをなくす本質的な取組みに時間を割くべきです。

**(4) 進捗管理**

計画に対して進んでいるのか遅れているのか、正常なのか異常なのかを、現場を見たら一目でわかるようにすることが重要です。これが見えていることが、現場のユトリにつながります。

時間ごとに計画数、実績数、差異、その理由を記入する生産管理板を用いるのが一般的です。近年ではディスプレイで表示するものが中心ですが、差異の発生時にそれが何の理由で起きたかが最も重要な情報で、それをもとに改善につなげることが本質的と考えます。製造設備から進捗をデータとして抽出し、全ラインの進捗をダッシュボードで見える化する取組みも行われています。

**解説**

仕事や生活に、ユトリを持って取り組むことができるようにすることは非常に重要です。

ユトリがないということは、何かに追い立てられて仕事をすることを意味します。外的要因や他人にペースを決められるため、モチベーションも上がりません。ユトリをつくることは、自律化や自発性の向上にもつながるのです。

# ムダ取りで時間のユトリを生み出す

**POINT** 作業には必ずムダが含まれる。加工と停滞の割合は1：300と言われ、停滞に着目しムダ取りを行うことで時間のユトリを生み出すことができる。計画通りに仕事を進めてユトリをつくった先に、ムダ取りで作業時間を短縮してさらなるユトリを呼び込む。

## Q

どの工場でも生産効率化に向け、不要なモノや余計な事象を省くムダ取り活動が熱心に進められています。もちろん、XY工業も例外ではありません。直接/間接業務を問わず、小石リーダーはムダ取りに着手して、ユトリ時間を捻出しようと考えています。どこに要点があるのでしょうか。

## A

従来は、加工を中心とした付加価値作業を改善することに重きが置かれていました。しかし作業全体を俯瞰すると、加工よりも停滞の時間が圧倒的に多く、停滞のために発生するハンドリングロスや動線悪化、管理工数などが工程全体の効率に影響していることがわかってきました。

### (1) つくったユトリでムダ取り改善

1日の計画を立て、進捗管理することで捻出したユトリを、ムダ取り改善の時間に充てます。最初は月に1回改善実践の時間をつくり、毎日の作業で課題となっていた品質や生産性を阻害する問題の対処や、工程内の停滞をなくすムダ取りなどを行います。もちろん段取り時間短縮など作業時間を短縮したり、外段取り化したりすることも有効な打ち手です。

月1回から週1回、そして毎日へと、ユトリを使った改善のPDCAサイクルを速めていきます。頻度は職場に合わせて決めますが、週1回半日の改善を続けて数百回となる工場もあります。ムダ取り改善で、さらなるユトリが捻出できるのです。

### (2) 捻出したユトリで仕事を取り込む

捻出したユトリ時間で、別の仕事を取り込みます。これには、会社トップが自ら動くことが必要です。最も即効性のある取り組みは外注の内製化

です。今までと同じ工数で、今まで以上に付加価値を生み出すことができるようになったのですから、空いた時間で外部に出していた仕事を取り込むのです。自社で取り込むことにより、外注メーカーの生産計画や資材物流管理、不良管理などが不要となってさらなる効率化が望めます。

ムダ取り改善により人や在庫、スペースの削減効果が生まれます。リーダーは現場でトップにその効果を訴え、活用を促すのが役割の1つです。

### (3) 間接業務のムダ取りにも着手

ムダ取りと言えば直接作業や現場レイアウト、物流の改善に目が向きがちですが、現場の進捗把握や書類記録、会議に至るまで間接業務のムダ取りも重要です。だらだらした会議をしても、何も生まれません。会議冒頭では目的を明確にし、何を決定するか合意してから短時間に実施します。そして、決まったことを簡潔な議事録にまとめるとよいでしょう。

またITを活用して、直接/間接業務に潜む手書きや転記、カウントをなくすことも有効です。この3点に着目してムダ取りをしたある企業で、3割の時間削減を達成したという事例もあります。ペーパーレスの時代を迎えてはいるものの、現場ではまだ想像以上に紙を扱う仕事が残っています。

## 解説

ユトリを生み出すことは非常に重要です。ユトリがあるからこそ、新たな挑戦もできます。

ユトリは、計画と進捗管理からだけではなく、ムダ取りからもつくることができます。おそらくムダ取りで捻出できるユトリが圧倒的に多いでしょう。しかし、現場が定常的に安定して動いていないと、ムダ取りはうまくいきません。バランス良く段階を踏んで、ムダ取りを進めましょう。

**POINT** ユトリとは、物事に余裕があって窮屈でないことで、「心のユトリ」「時間のユトリ」「空間のユトリ」などが考えられる。製造現場では 5S、見える化、自主保全、危険予知活動などで、不良ゼロ・故障ゼロ・災害ゼロに備えておけばユトリが生まれる。

## Q

小石リーダーは、ユトリある職場に関して、ミーティングで話し合いました。その結果、「職場が雑然としていて暗い」という意見があり、少しでもユトリのある職場改善に向けて全員で取り組むことにしました。

## A

### (1) ユトリの空間を確保して維持しよう

雑誌や書籍の各ページには、上下左右にそれぞれ決められた空白があります。この決められた空白があるべき姿であり、ユトリなのです。ユトリだからと言って、ムダに広い空白を意味しません。また、ここは要らないものだからと、文字を詰め込むとユトリがなくなるのです。

#### ① 5S の推進

製造現場の備えは 5S から始めて、まず職場の空間をあるべき姿にすることです。要らないものを処分する整理から着手し、職場の最適な空間を確保するよう努力しましょう。

#### ② 区画表示などの工夫

整理が進むと次に、欲しいものがいつでも取り出せる整頓を行うと、ユトリのある明るい職場になります。さらに、部品や製品置き場は区画線で色分けし、看板などで表示します。部品や製品は、先入れ・先出しができるよう工夫しましょう。

また、部品や製品は床に直置きにしないで、パレットにはキャスターをつけるなどして、移動しやすく工夫します。積み上げる高さも決め、部品や製品置き場に表示するようにします。

治工具は置き場を決め、どこに何があるかすぐわかるようにします。使用した治工具は元に戻すよう、作業員の躾をします。使用するとき、誰が

取り出したか名前を記入させる工場もあります。

### (2) 自主保全で職場のユトリを確保しよう

次の製造現場の備えは、作業者 1 人ひとりが「自分の設備は自分で守る」ことを目的に自主保全を行い、設備をあるべき姿に近づけることです。まず設備の清掃から始め、設備点検を行い、不具合の発見や不具合の改善を行います。不良ゼロ、故障ゼロにすることが狙いで、これによって職場にユトリが生まれます。

### (3) 労働災害ゼロで職場のユトリを確保しよう

さらに、製造現場の備えは安全衛生です。職場や作業に潜む危険を予知し、解決するための危険予知（KY）活動などを推進して、労働災害をゼロにすることが大切です。

## 解説

人間は、何か目的を持って仕事をします。この目的を達成する各種の手段を考え、最も効率の良い最適な手段を工夫します。

① 4 トンの荷物を 4 トン車で運ぶ場合：目的＝手段で最適です。

② 3 トンの荷物を 4 トン車で運ぶ場合：目的＜手段でムダが生じます。

③ 5 トンの荷物を 4 トン車で運ぶ場合：目的＞手段でムリが生じます。

ムダやムリがあれば、ムラができます。

効率は、目的を手段に釣り合わせることですが、目的と手段の間に少しも「ユトリ」がない状態は問題で、ある程度のユトリを確保することが大切です。例えば歯車の噛み合いのバックラッシュや自動車のブレーキやアクセルの遊びが、効率の良い最適な手段を提供します。このような適度のユトリの存在する職場にしたいものです。

富田　康弘（TOMIT@環境コンサルタント）

# ■索引

## わ

## 数字・欧文

## ★執筆者一覧

### 現場リーダースキルアップ研究会

| | | | |
|---|---|---|---|
| 会　　長 | 澤田 | 善次郎 | 椙山女学園大学、技術士（経営工学部門）・中小企業診断士 |
| 代表幹事 | 島 | 雄 | 島コンサルティングサービス |
| 幹　　事 | 大石 | 哲夫 | 大石コンサルタント |
| 幹　　事 | 澤田 | 弘道 | ベルヒュード国際経営研究所、技術士（化学部門） |
| | 井上 | 靖彦 | 技術士（化学、総合技術監理） |
| | 岩佐 | 昌哉 | アイビーシー有限会社 |
| | 鈴木 | 宣二 | 鈴木宣二技術士事務所 |
| | 高橋 | 明男 | 高橋技研、技術士（化学部門） |
| | 富田 | 康弘 | TOMIT＠環境コンサルタント |

＊所属・役職は原則、執筆時点を表記

## ★参考文献

・工場長スキルアップ研究会「工場長スキルアップノート」（日刊工業新聞社、2007年）
・工場管理・現場用語事典編集委員会「絵で見てわかる工場管理・現場用語事典」（日刊工業新聞社、2005年）
・名古屋QS研究会「実践　現場の管理と改善講座」（1〜15）（日本規格協会、1993〜2005年）

新装版「工場管理」基本と実践シリーズ
現場リーダースキルアップノート　　　　　　　　　NDC 509.6

2023年2月10日　初版1刷発行　　　　　　　定価はカバーに表
　　　　　　　　　　　　　　　　　　　　　示してあります

Ⓒ編　者　　現場リーダースキルアップ研究会
　発行者　　井　水　治　博
　発行所　　日　刊　工　業　新　聞　社
〒103-8548　東京都中央区日本橋小網町 14-1
　　　　　　電話　書籍編集部　03-5644-7490
　　　　　　　　　販売・管理部　03-5644-7410
　　　　　　　　　Ｆ　　Ａ　　Ｘ　03-5644-7400
　　　　　　振替口座　　　　　00190-2-186076
　　　　　　URL　https://pub.nikkan.co.jp/
　　　　　　e-mail　info@media.nikkan.co.jp

本文イラスト　奥崎たびと
印刷・製本　美研プリンティング

落丁・乱丁本はお取り替えいたします。　　　　2023 Printed in Japan
ISBN 978-4-526-08251-1　C3034